MEMORIAS COLORIDAS

Libro para colorear con poemas e ilustraciones mexicanas inspirado en el Día de Muertos

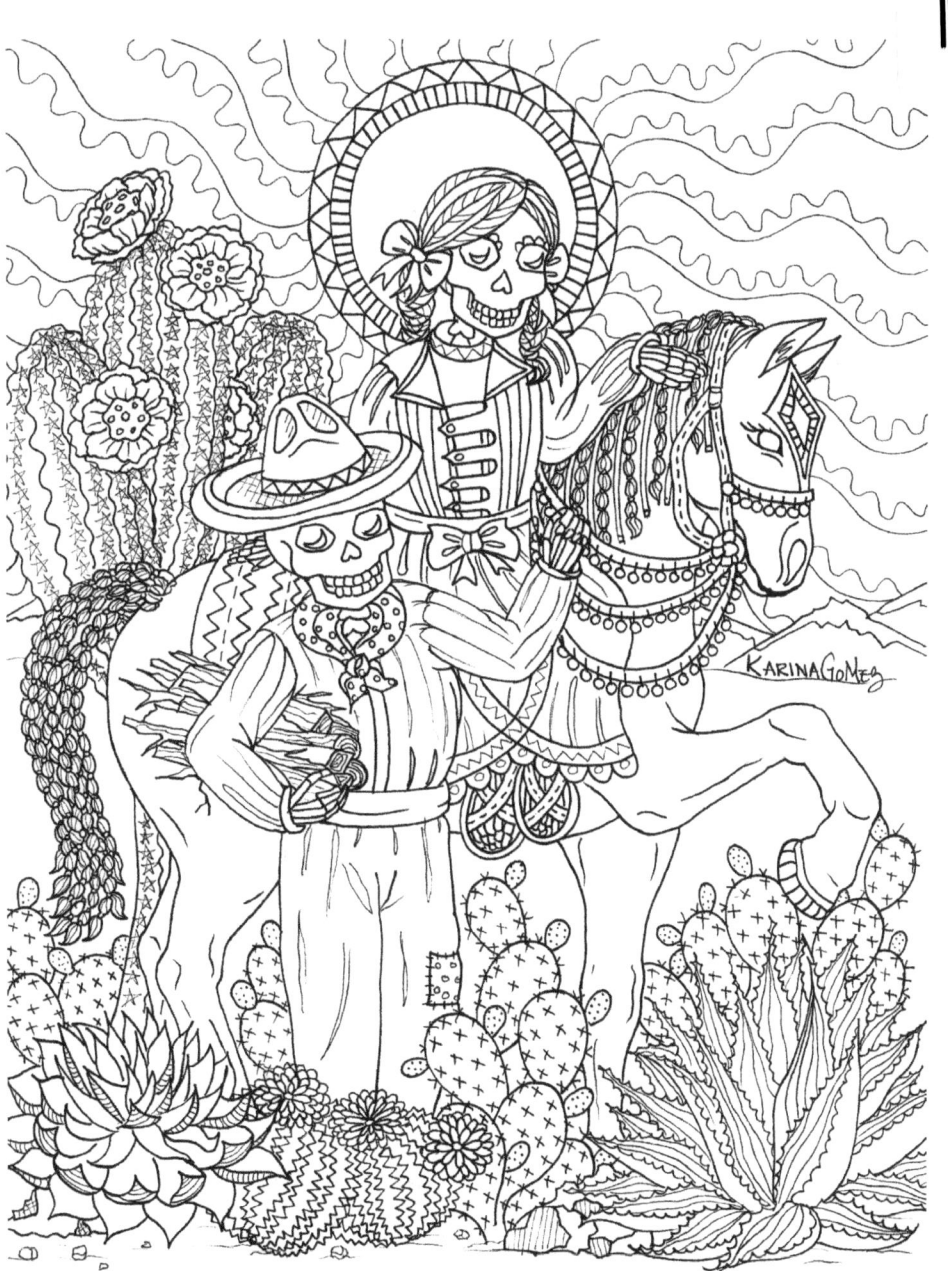

Ilustraciones por Karina Gómez y Laura Gómez

Poemas por Amelia Orozco

Ilustraciones por
Karina Gómez y Laura Gómez
Poemas por Amelia Orozco

Dedicamos este libro a nuestras familias y a
nuestras amistades quienes han
estado con nosotros durante todos
estos años y que forman parte
de nuestras historias.

Indice

I
El ritmo de mis sentidos

Tamales, pinole y pan dulce también,
éstos son los timbres que nos llaman
y dicen… ¡Vengan a comer!

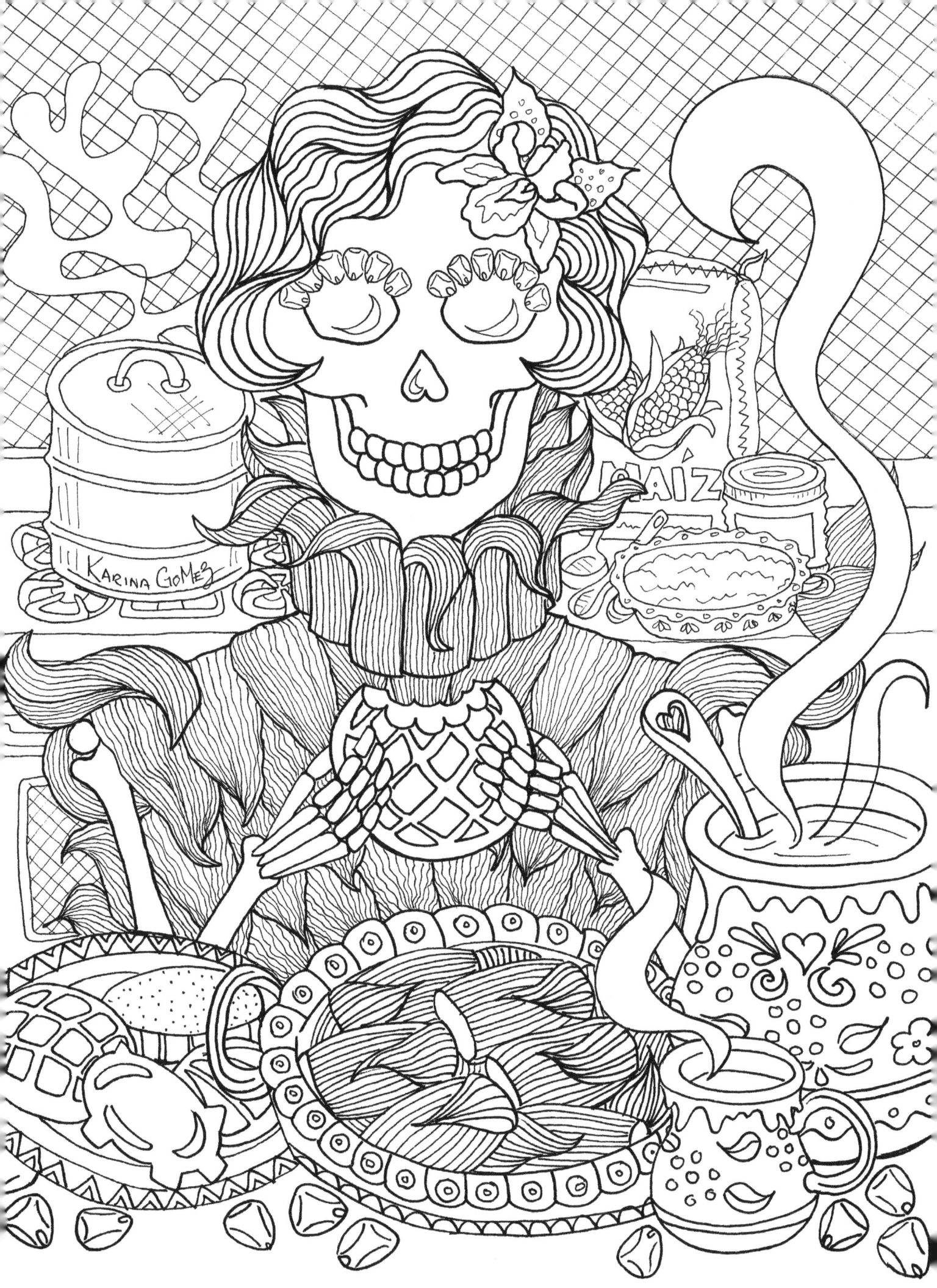

La canela como guitarra canta con amor, el chile rojo timbra como tambor, el maíz molido sostiene el ritmo.

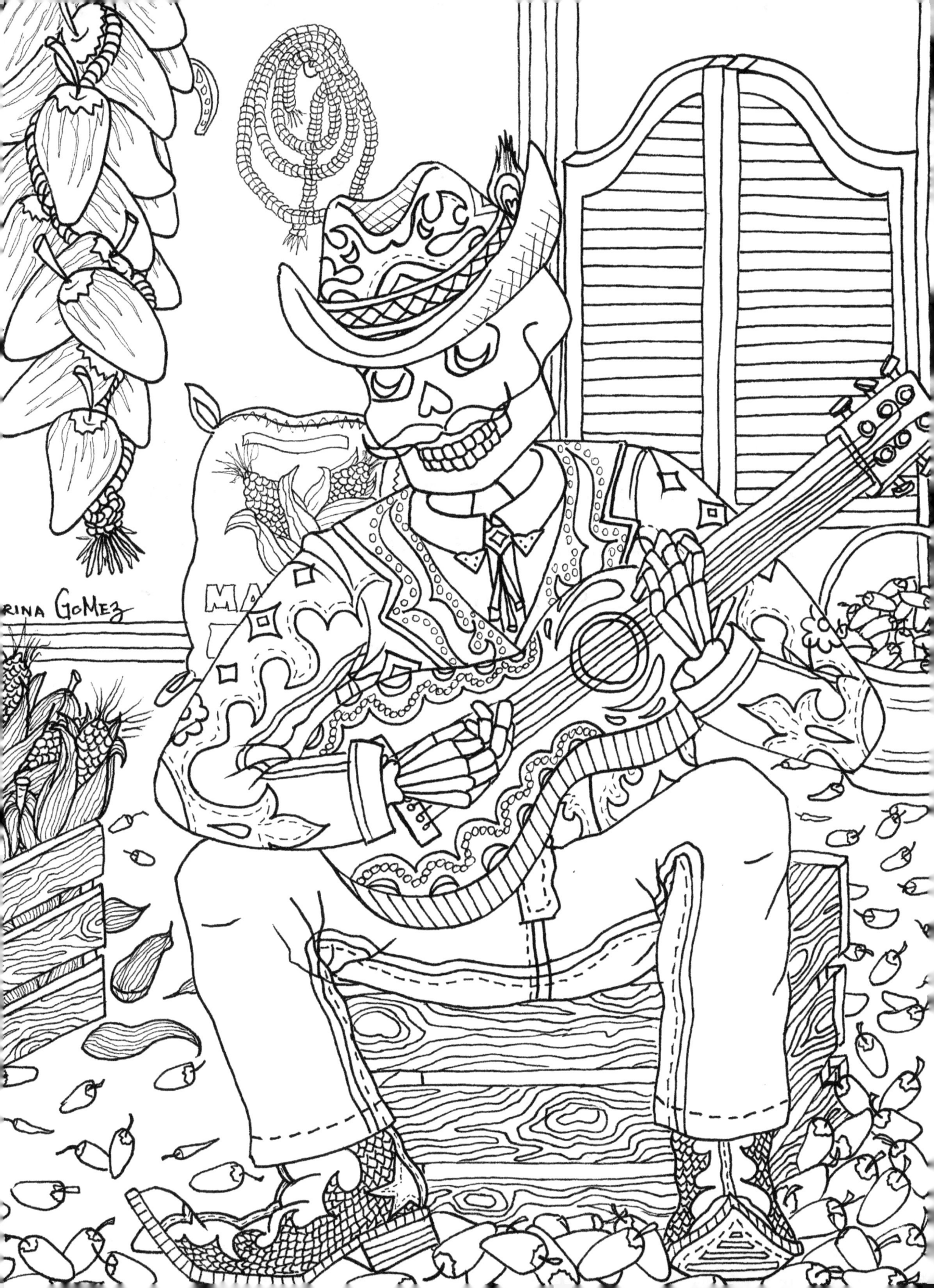

La familia mueve los platos y con las cucharas hacen los cantos. Los jarritos de barro bailan y ríen; todos se divierten en este ambiente. Jóvenes y ancianos la pasan bien.

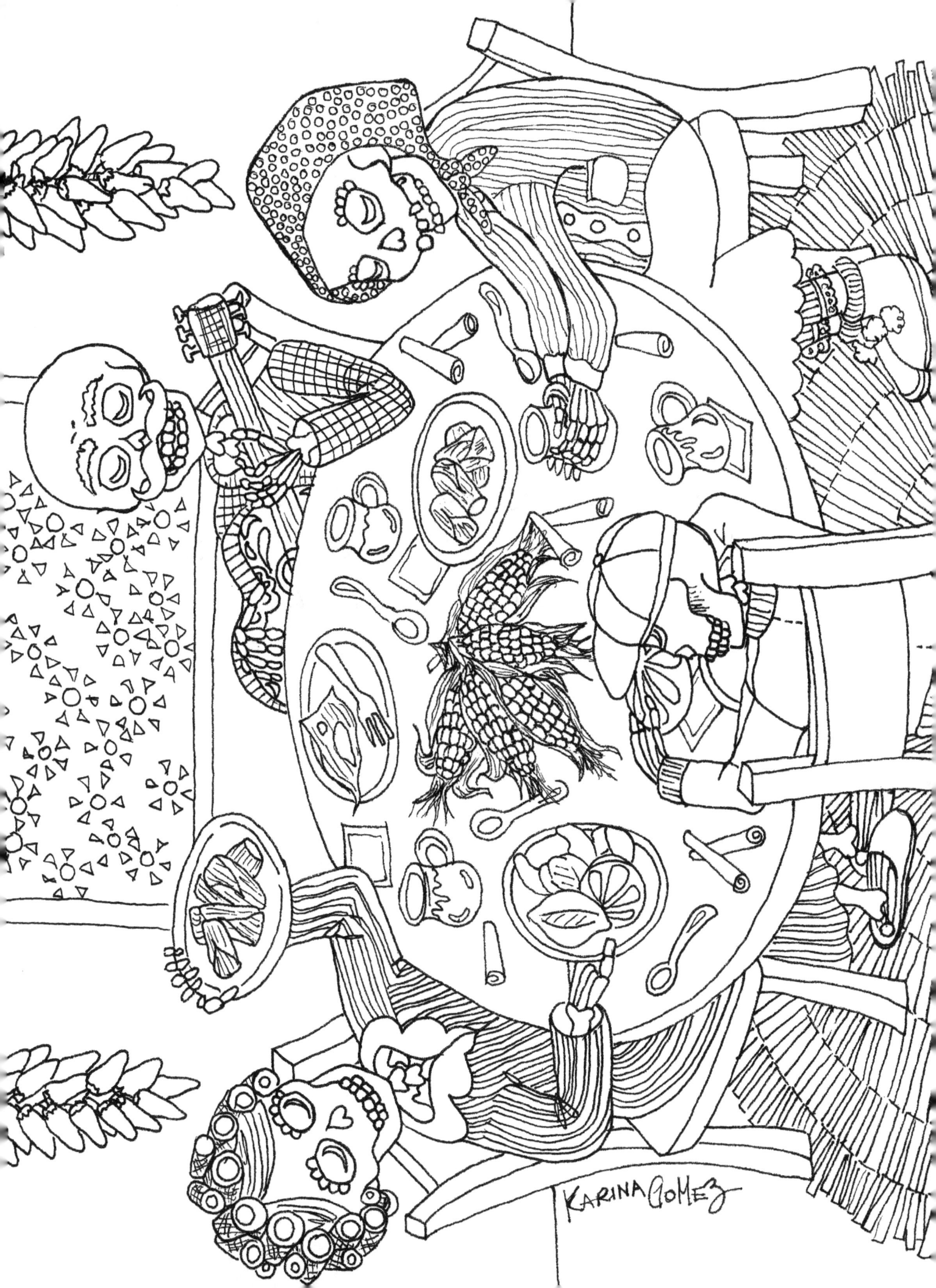

Como un disco cansado la música disminuye, todos disfrutan una leche caliente besada con café.

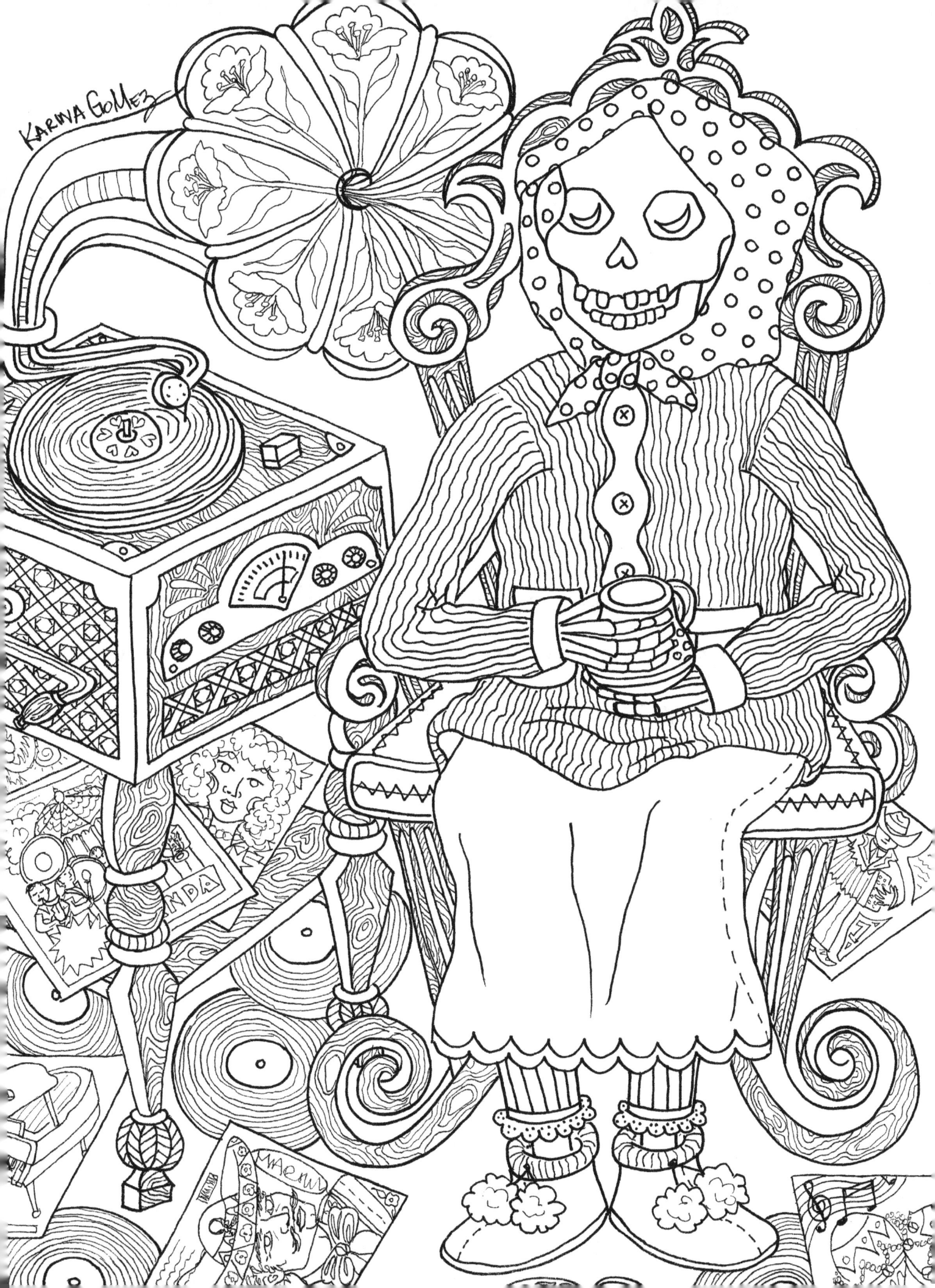

Al oír canciones de cosas bellas,
los niños cierran sus ojos
y sueñan con las estrellas.
—¡Buenas noches familia! — es la despedida,
y gracias a Dios por otro día.

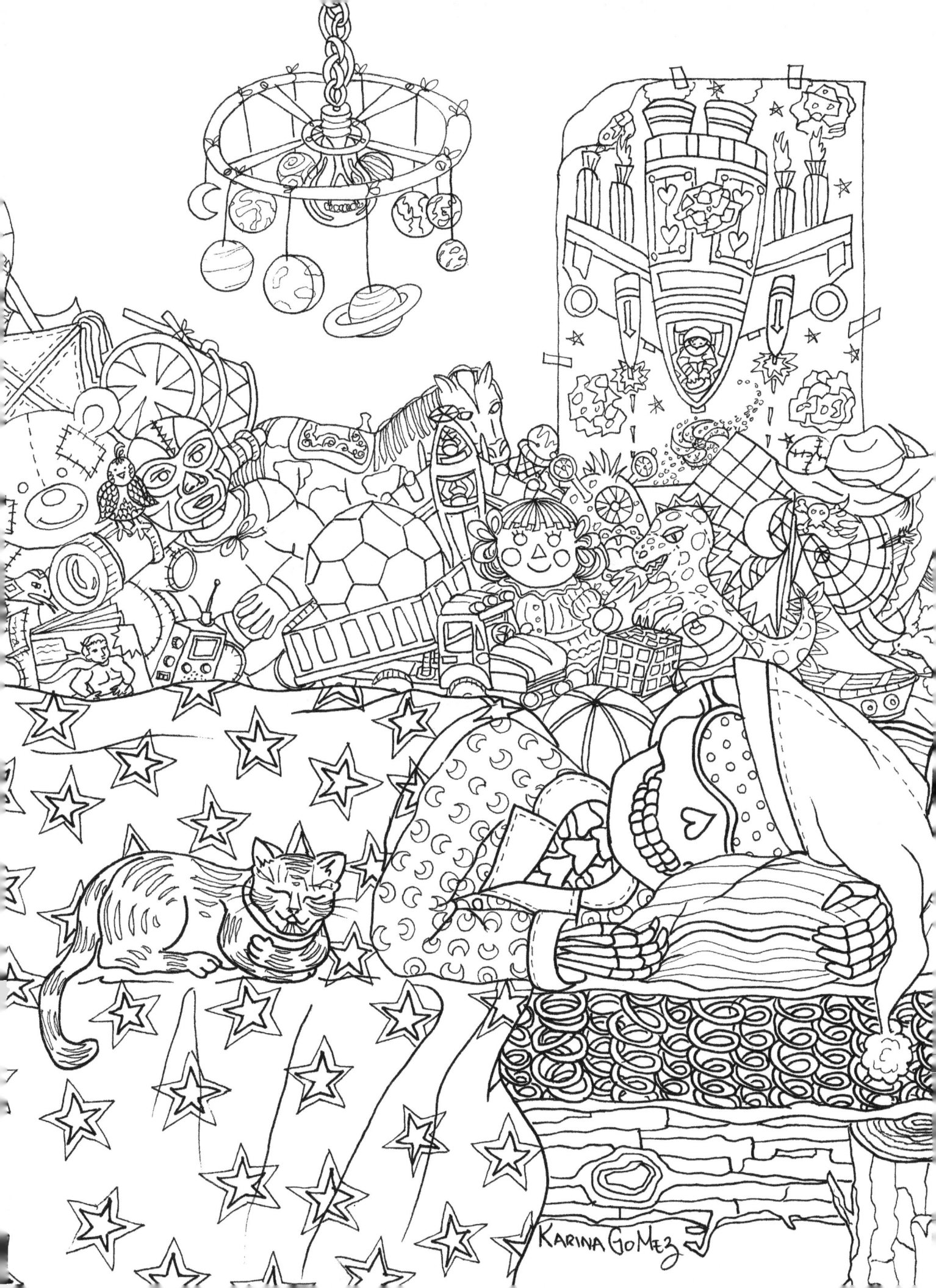

II

Querida abuela

El amor de ella era su cocina, allí meneaba
sus sopas y molía sus especias.

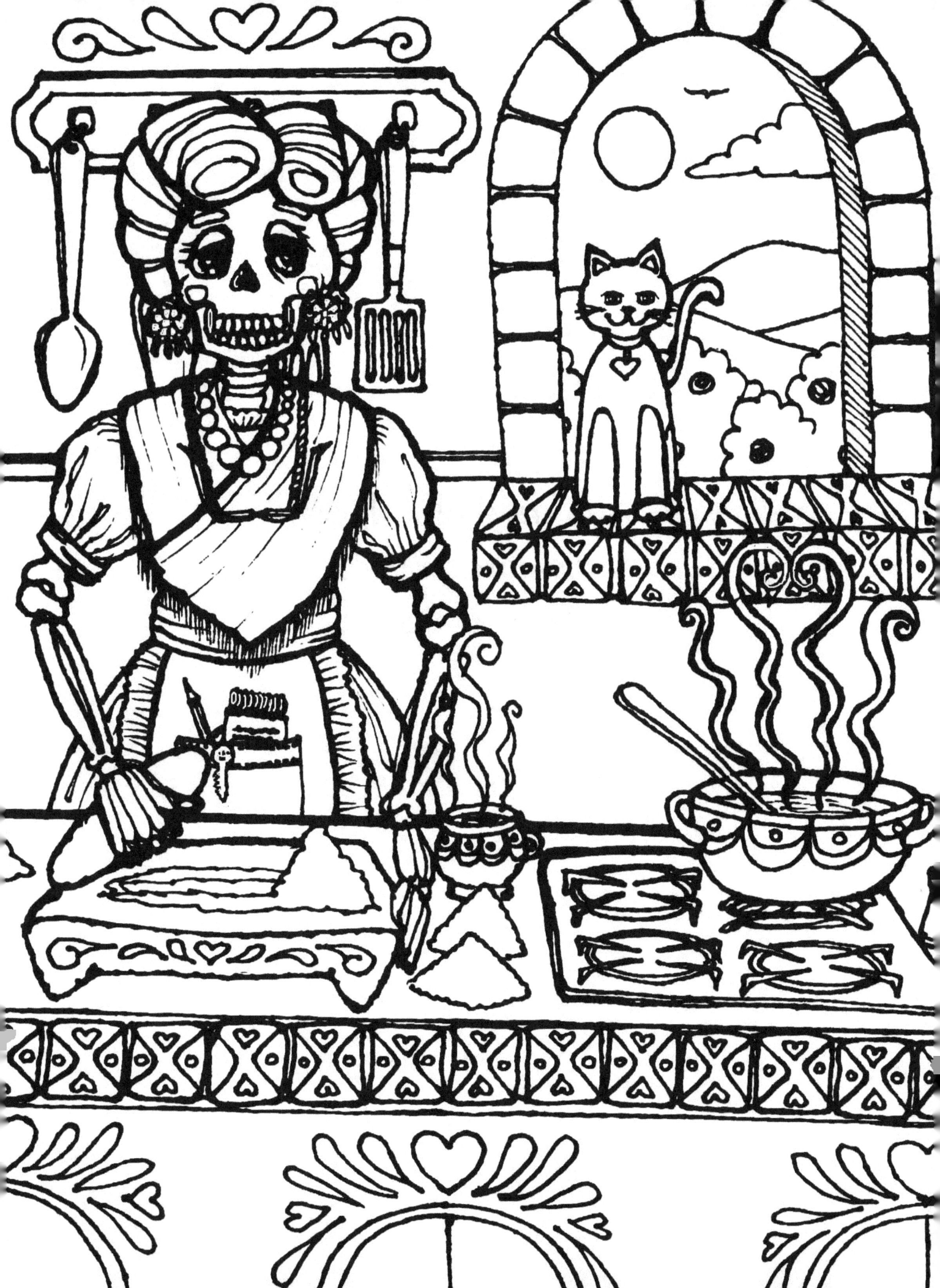

A veces era el olor de canela
pero siempre en la cocina,
estaba mi abuela.

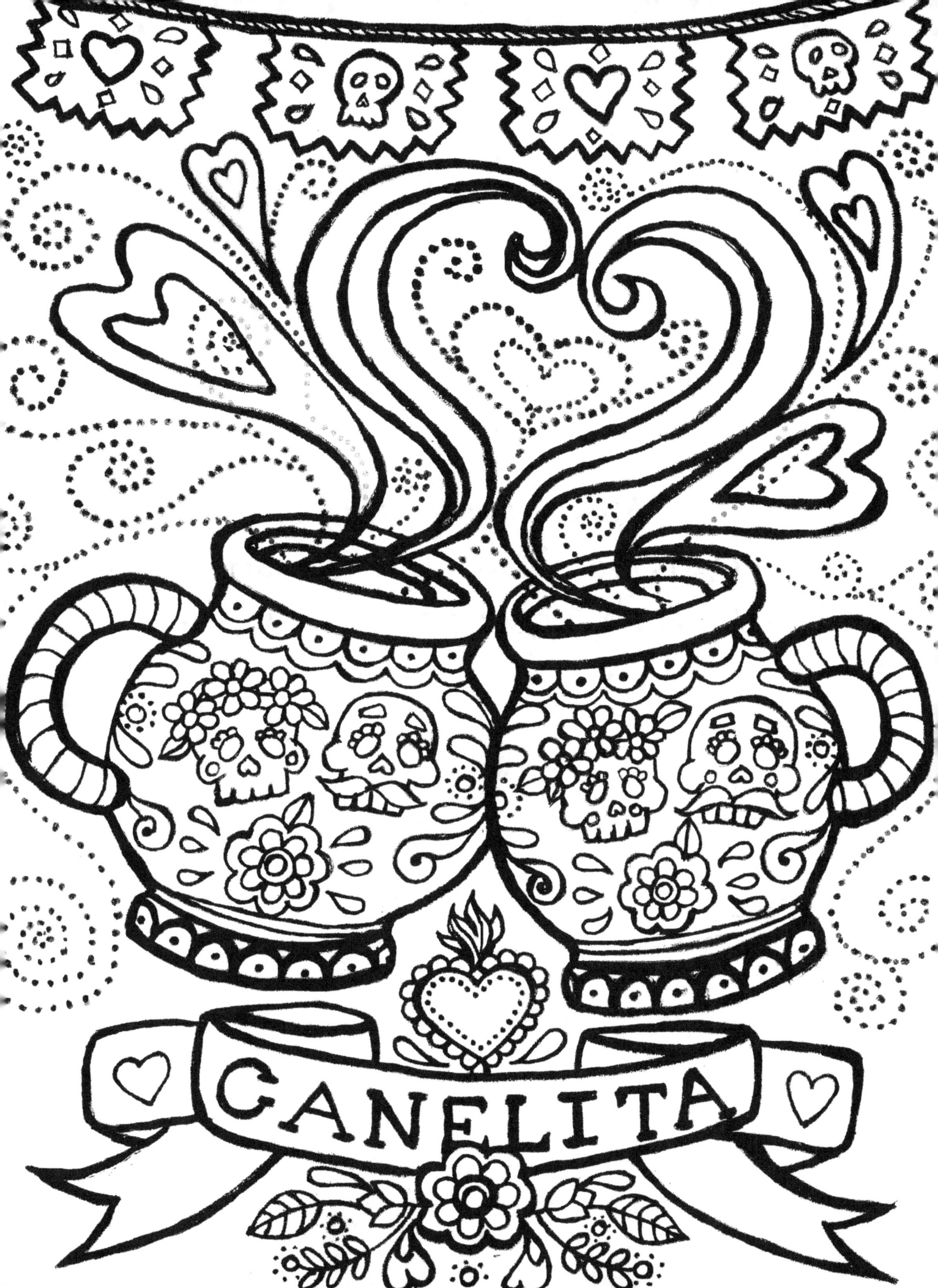

Abuela, querida abuela,
gracias por el amor que compartió.
Estas son las riquezas que usted nos dio.

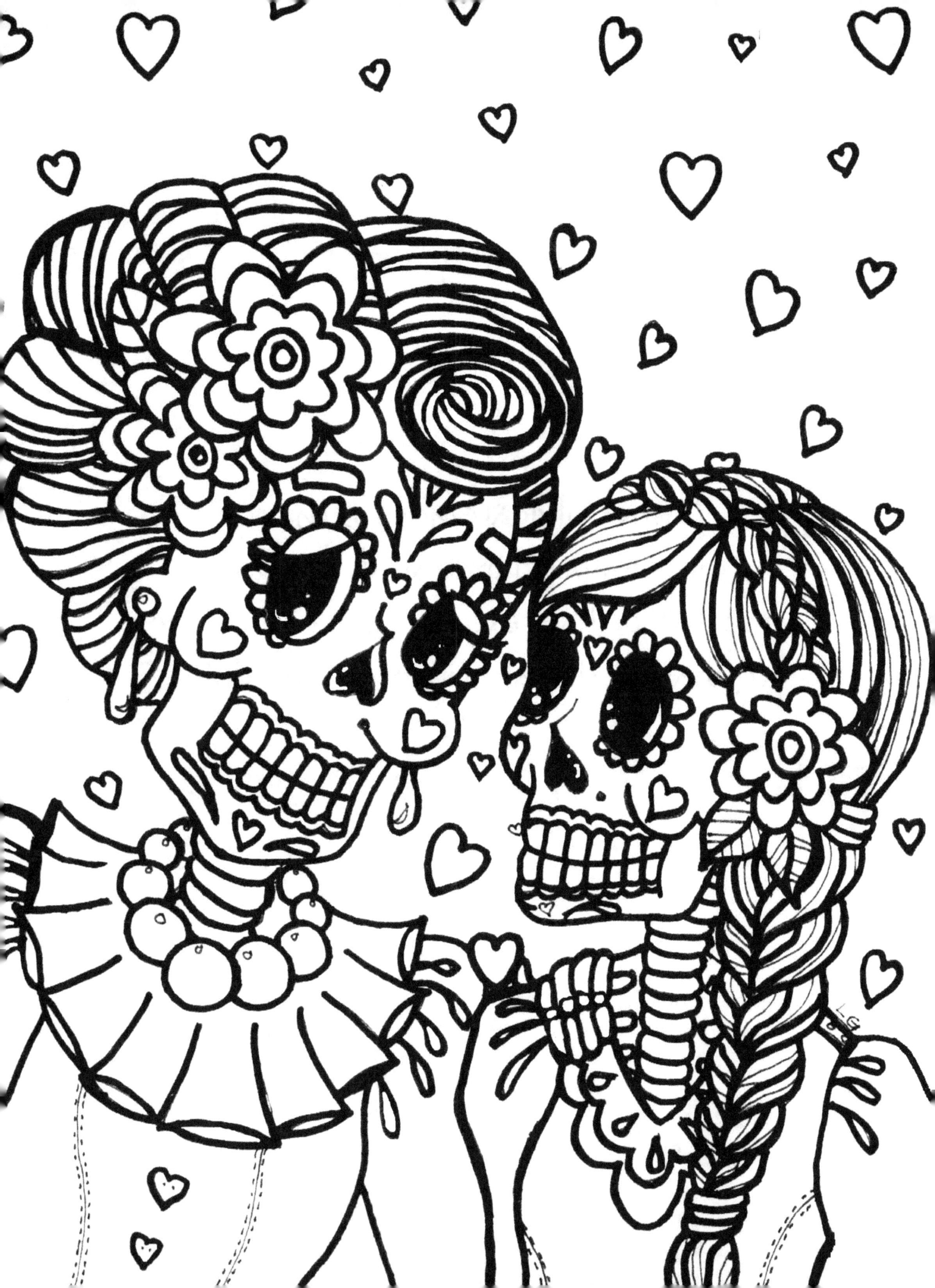

Nunca olvidaremos sus manos,
que siempre daban su dulce amor.
En forma de las creaciones desde su corazón,
quitando el mal humor y todo dolor.

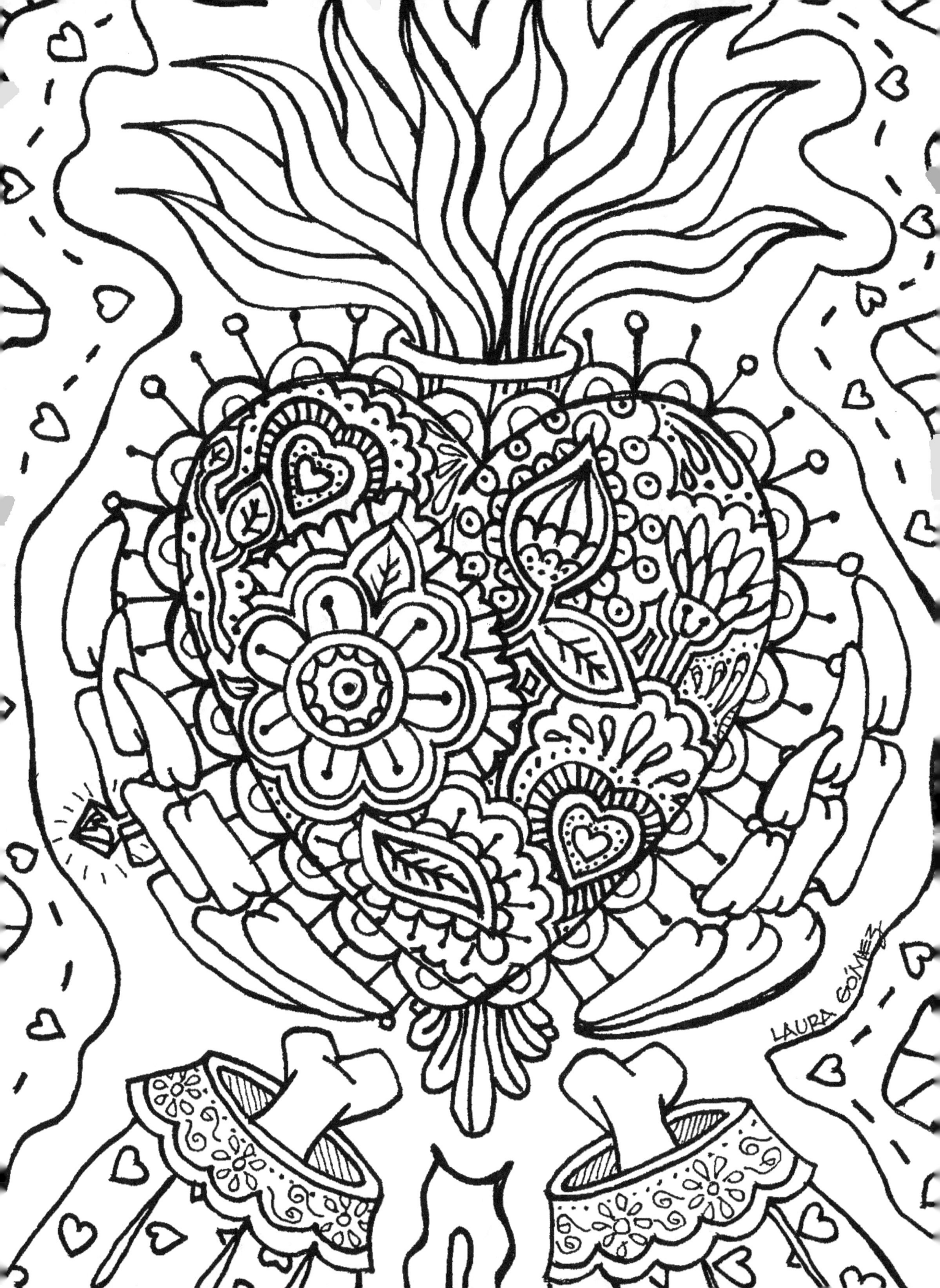

Por estas cosas y sus comidas sabrosas,
le damos gracias.
Abuela, querida abuela.

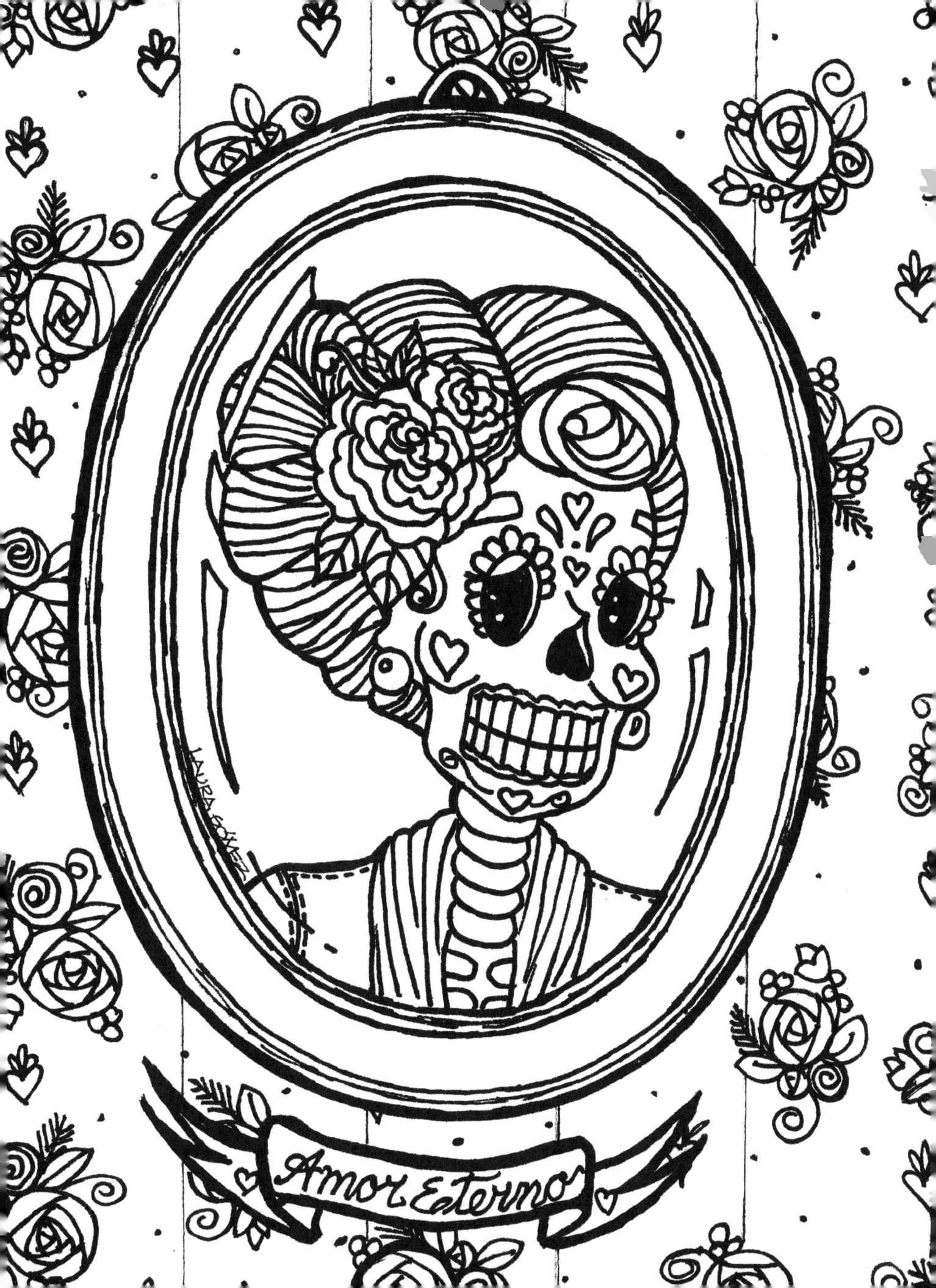

Amor Eterno

III

Mamá, eres mi tesoro

Todo el mundo,
en busca del amor sincero está.

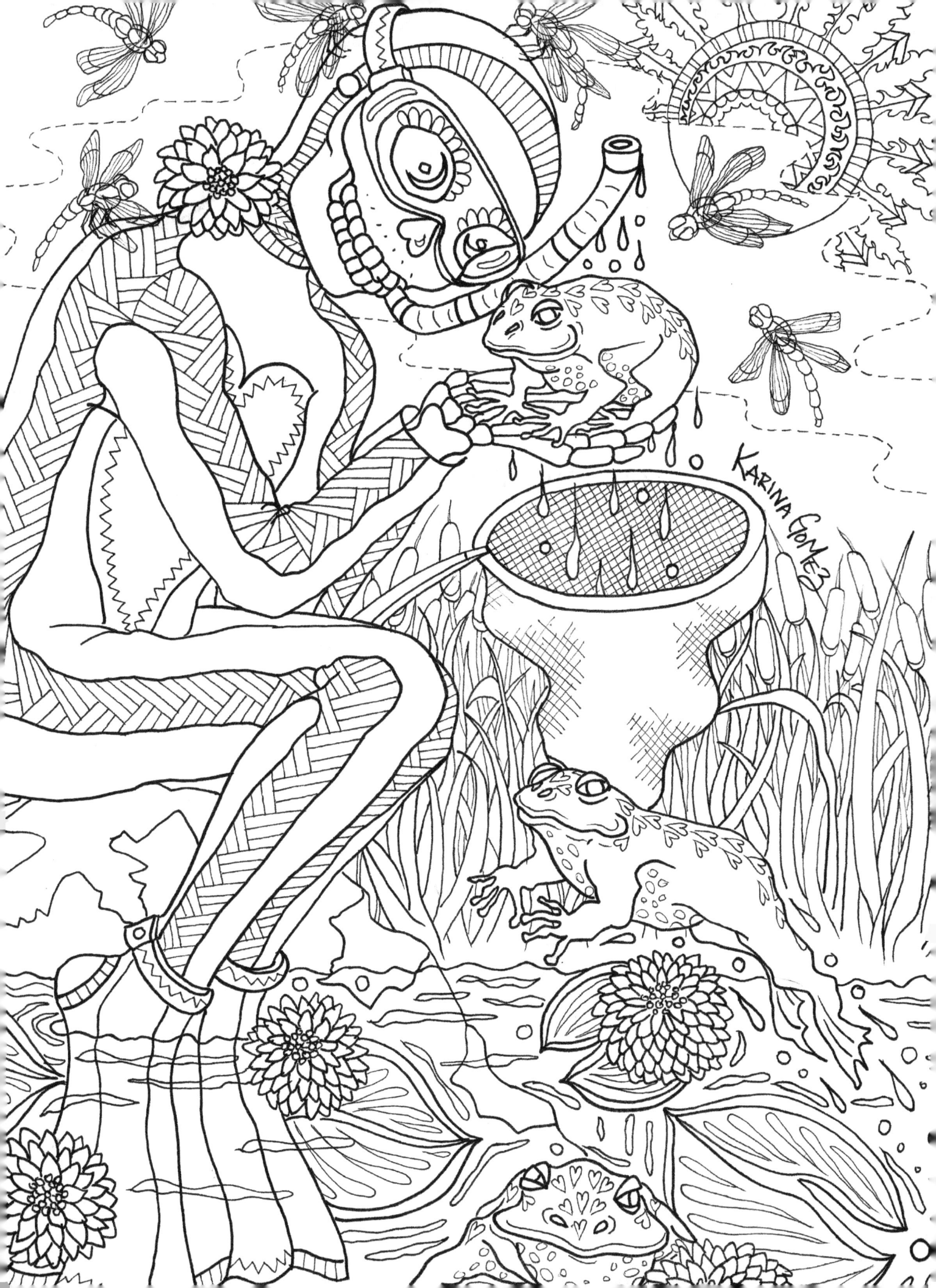

Cruzan montañas, ríos y mares,
buscan un lugar donde estar.
Se pierden en el monte,
casi se ahogan en las aguas.
Nadie los escucha ni los salva.

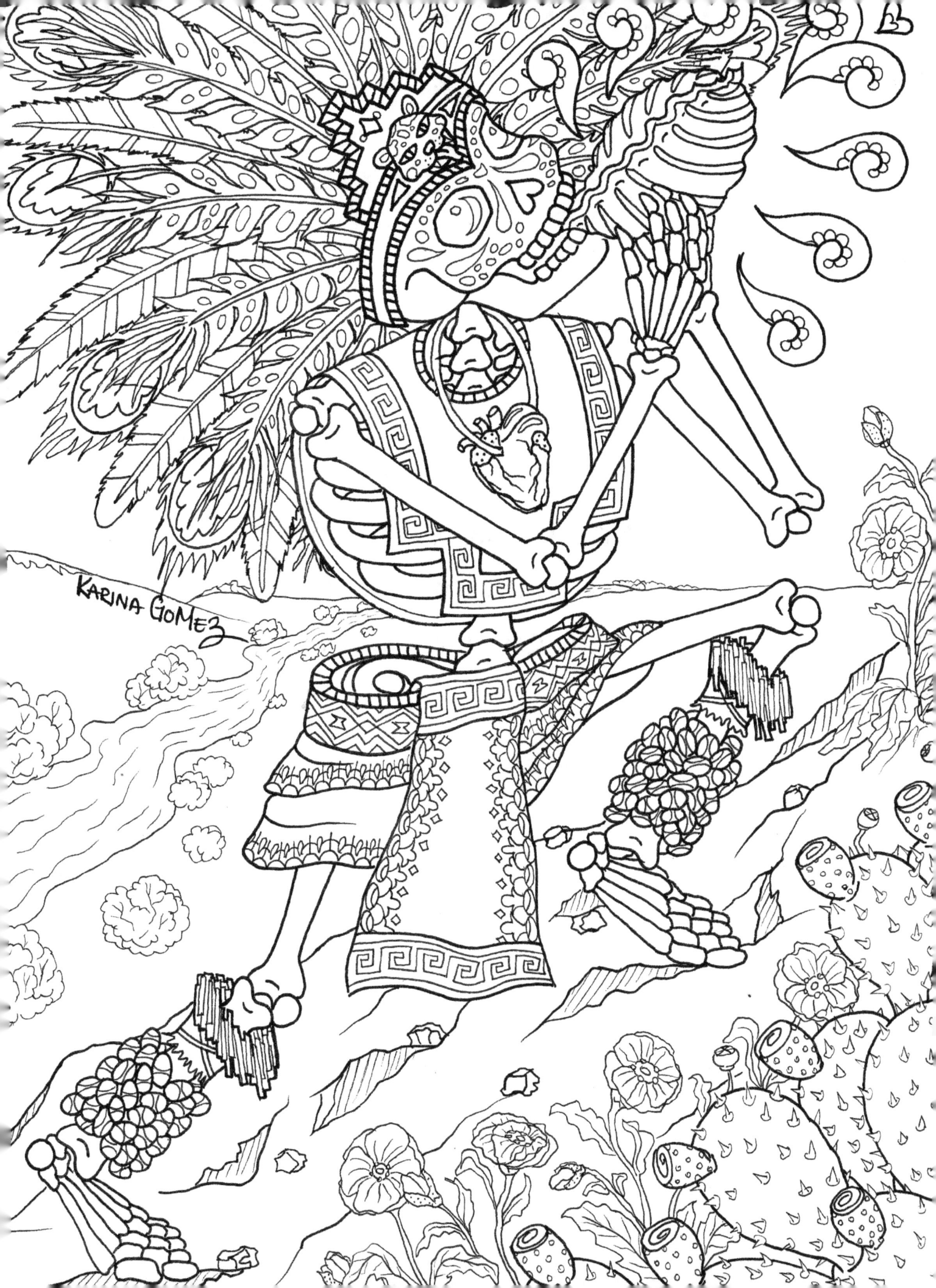

Pero un día se volverán
a los lindos brazos
de su querida mamá.

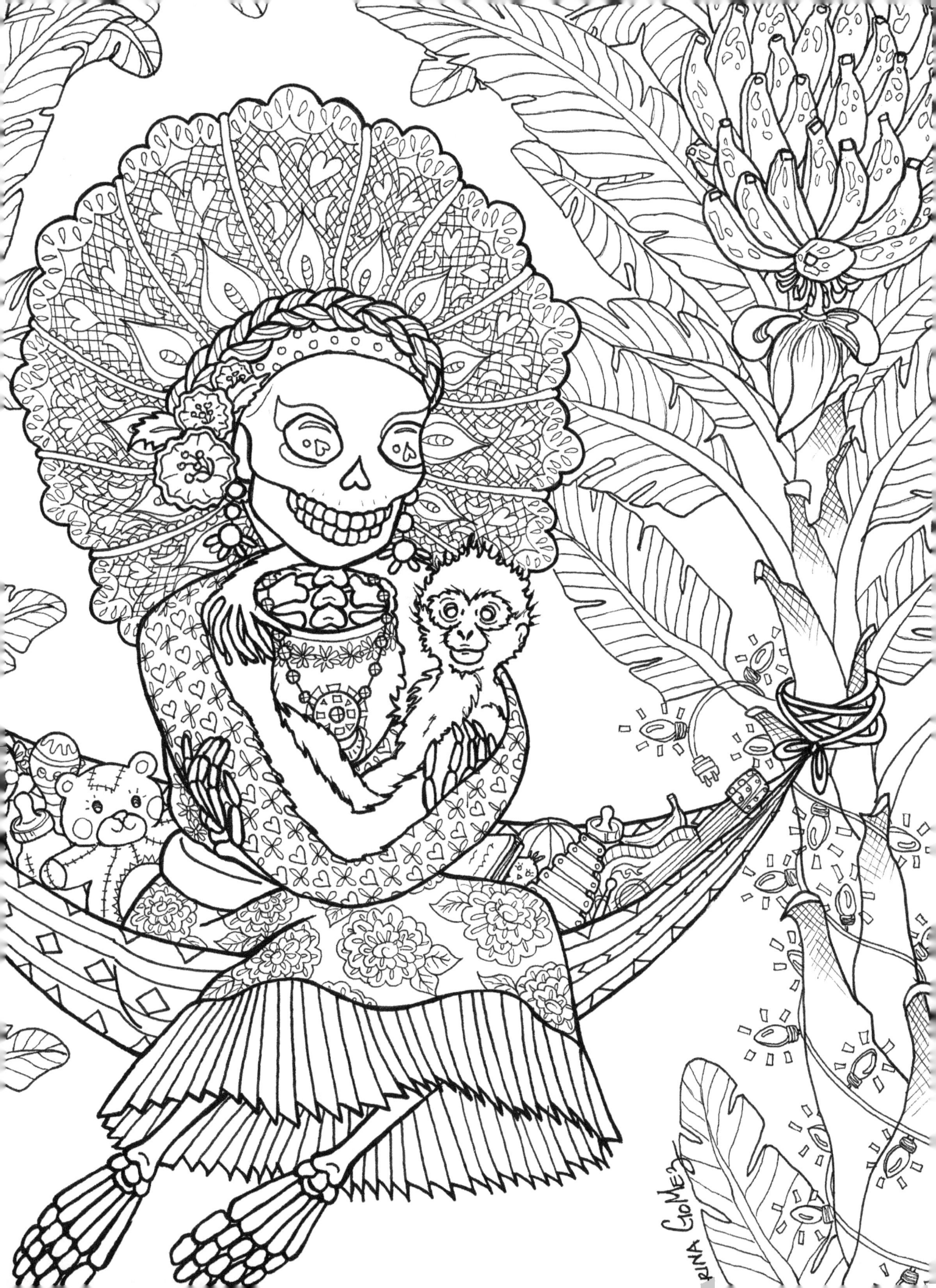

No es la plata,
ni el dinero o el oro...

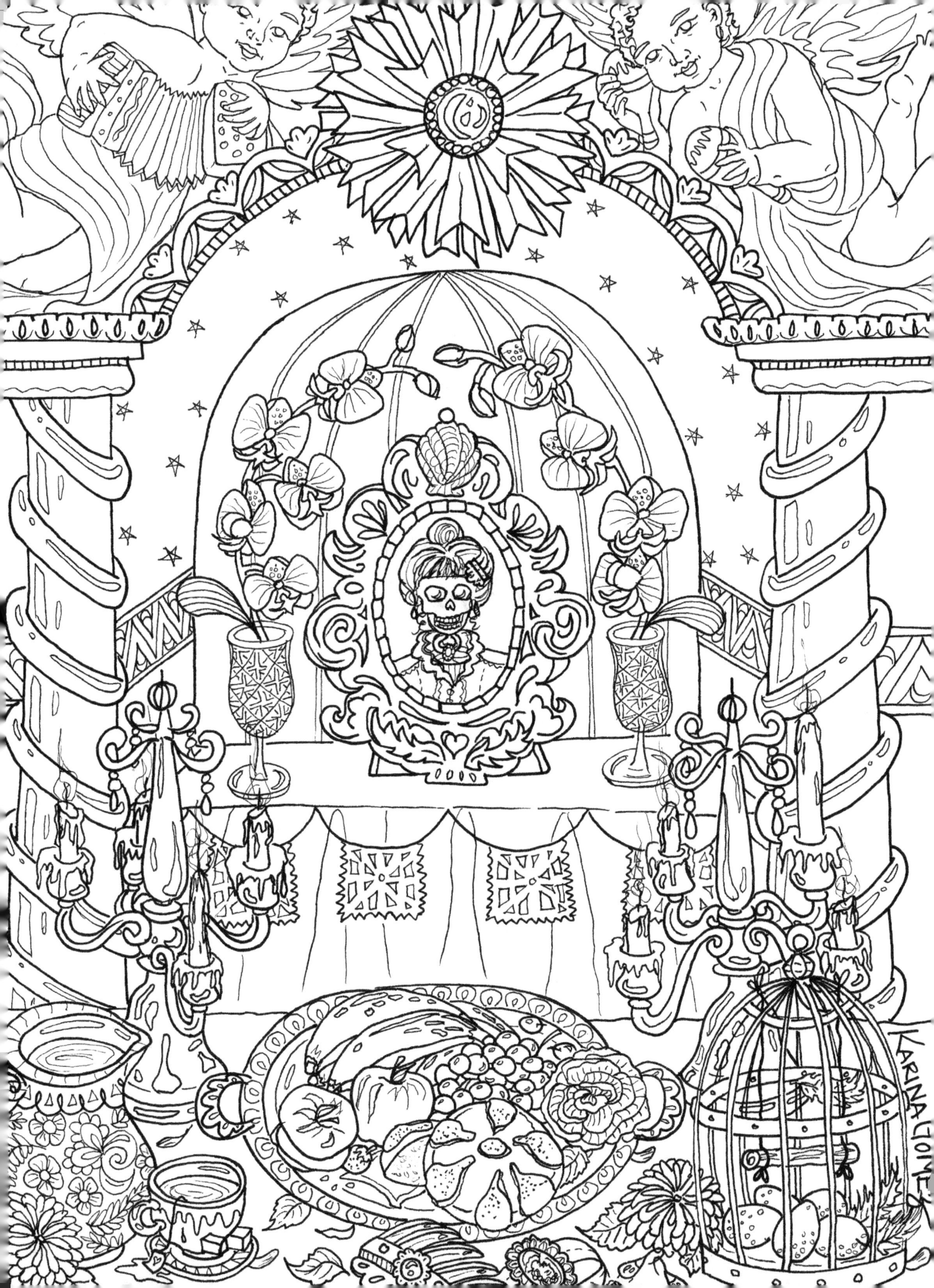

es mi mamá
a quien yo adoro.

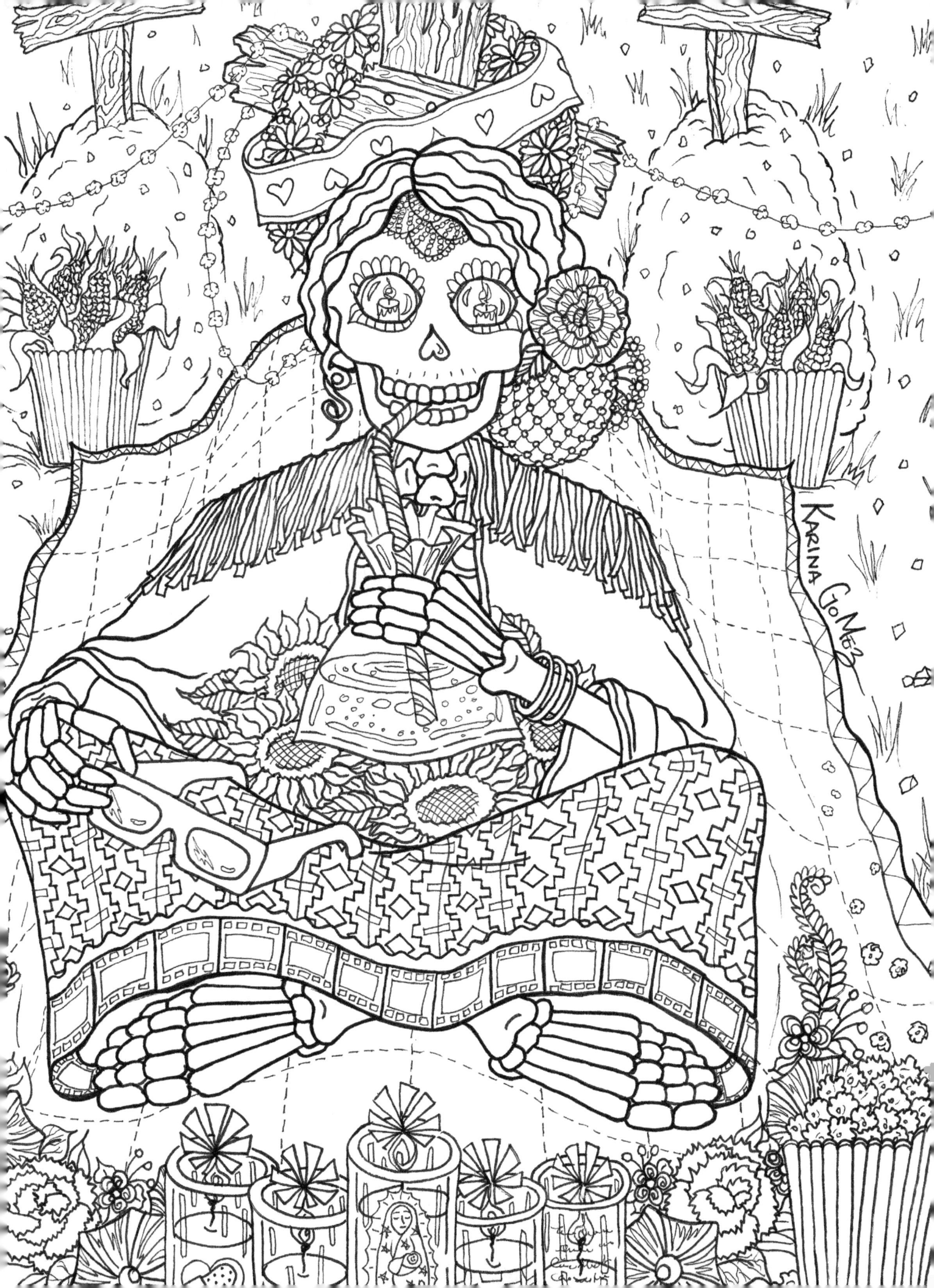

IV
Cuerdas mágicas

Quiero que te imagines la guitarra...

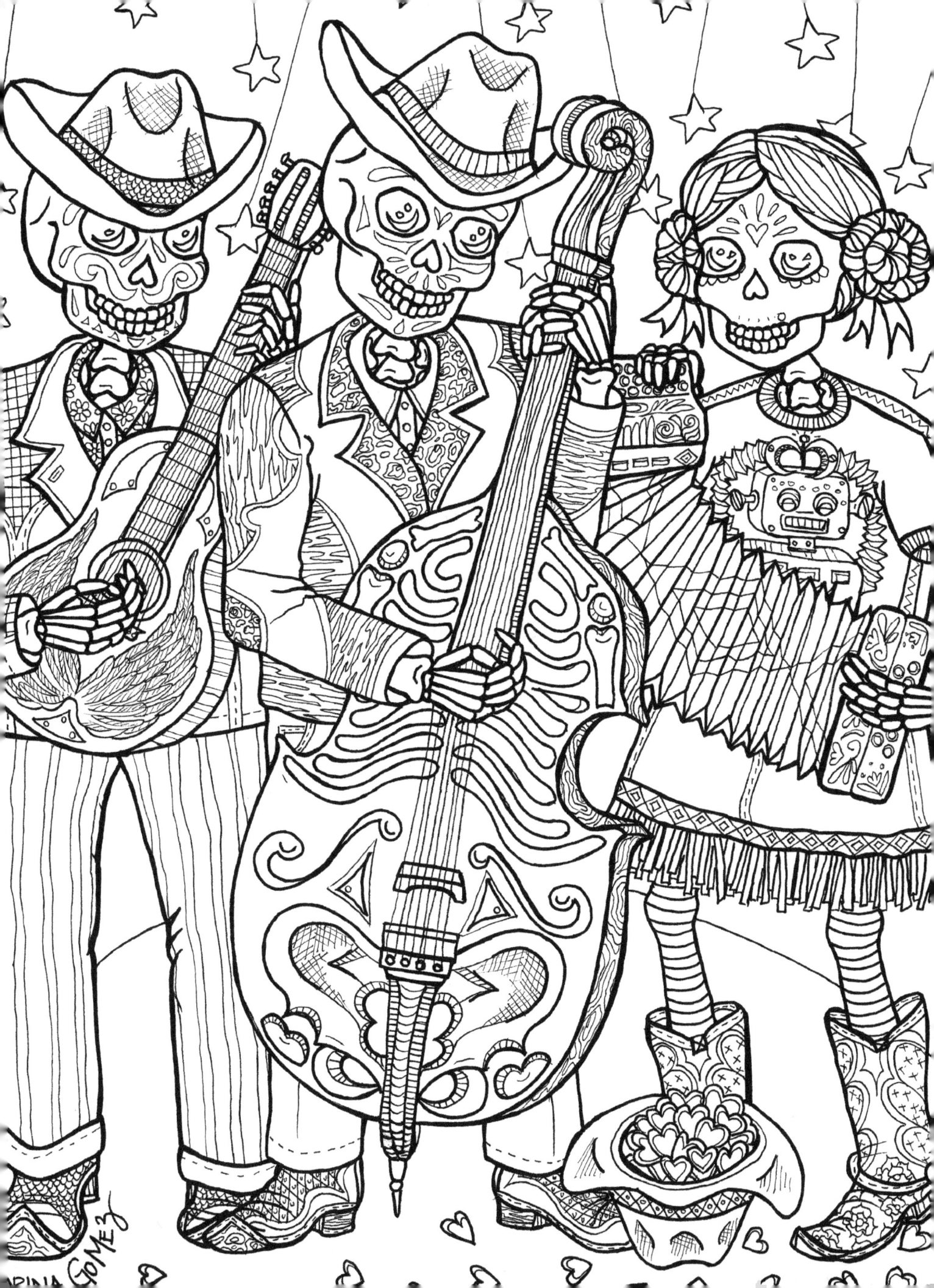

sus cuerdas sonando,
retumbando,
vibrando.

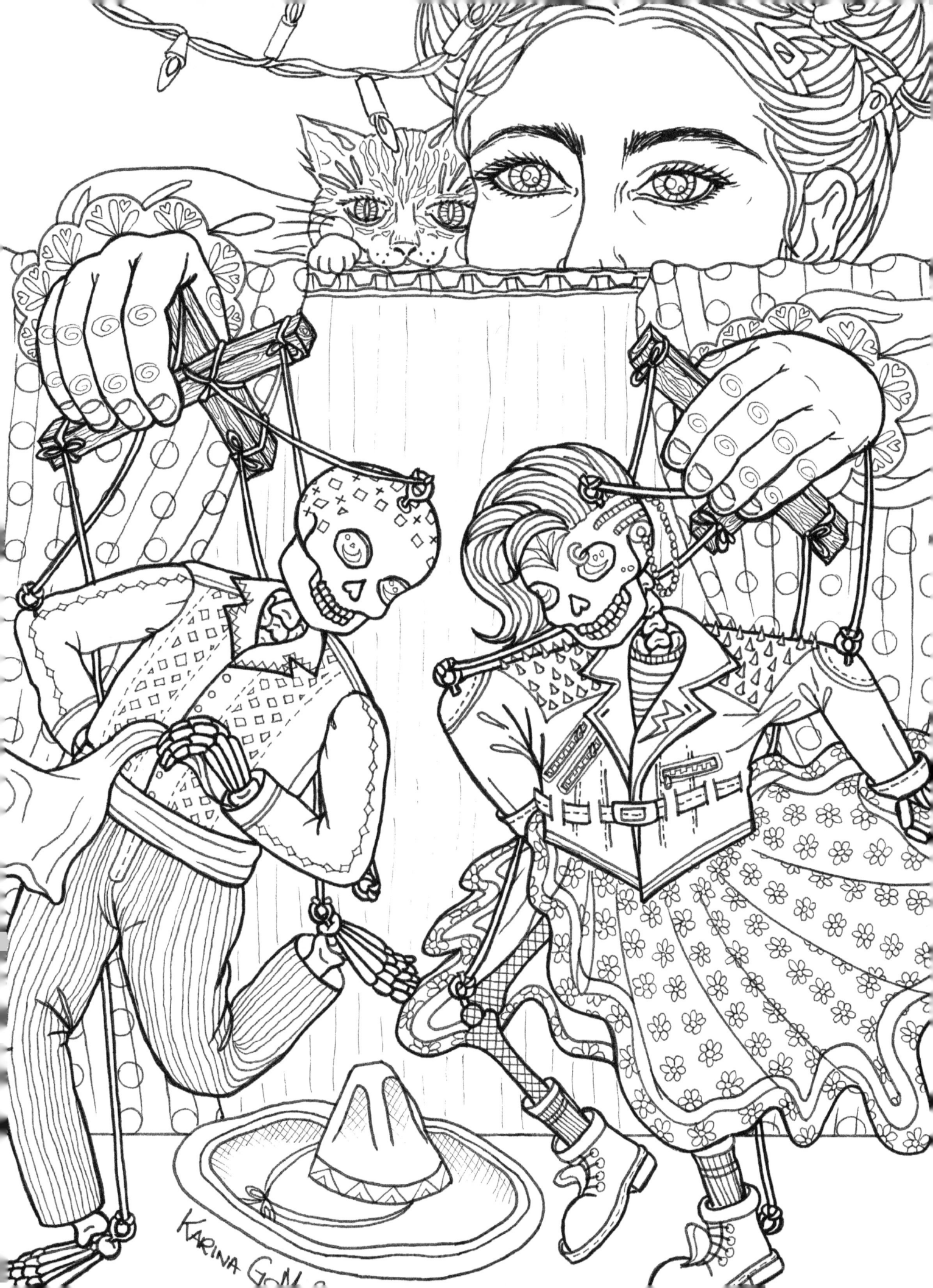

Con cada movimiento el espacio se llena de notas,
que surgen como burbujas,
y se convierten en mariposas.

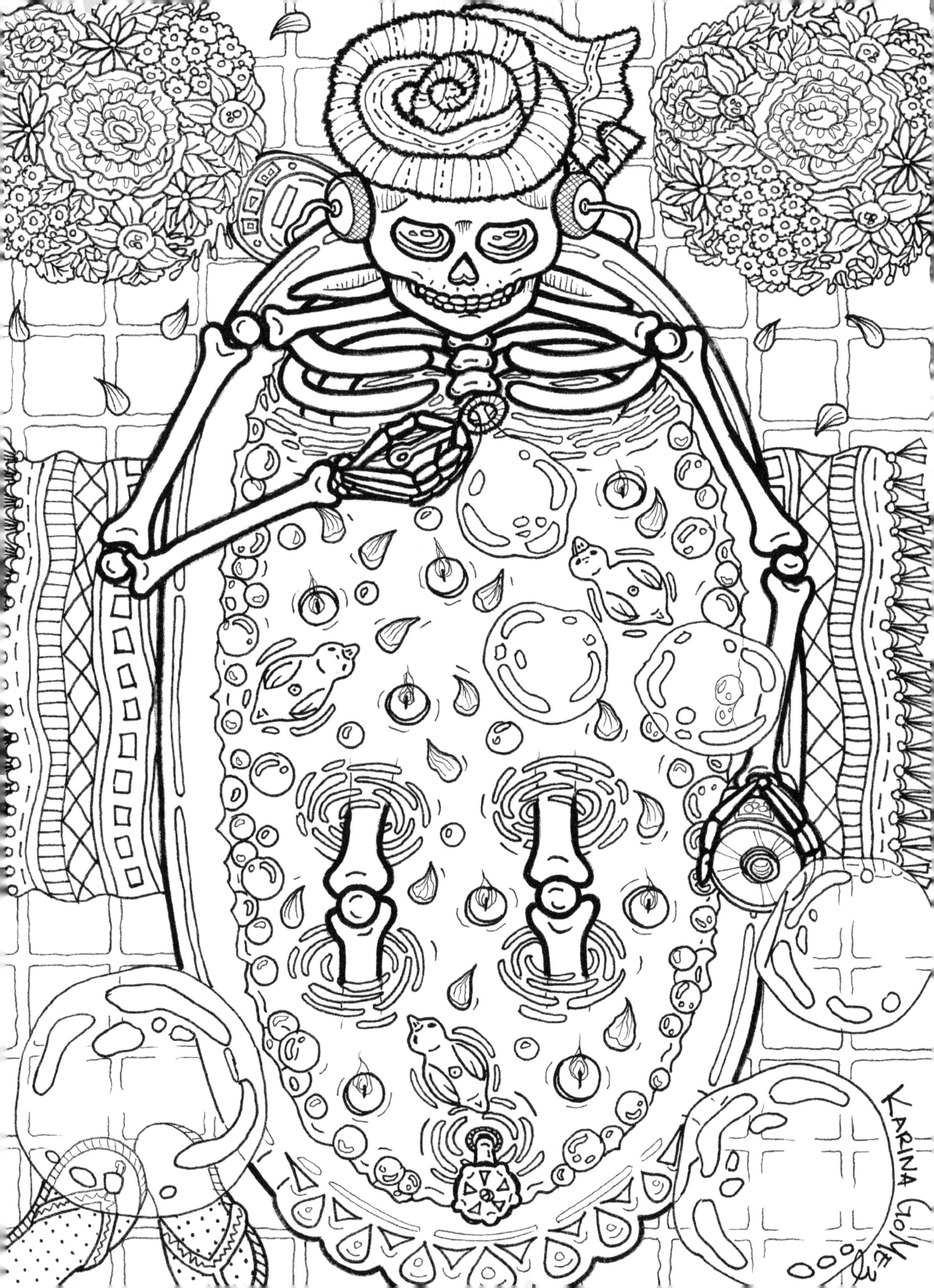

KARINA GOMEZ

Unas son azules,
otras amarillas,

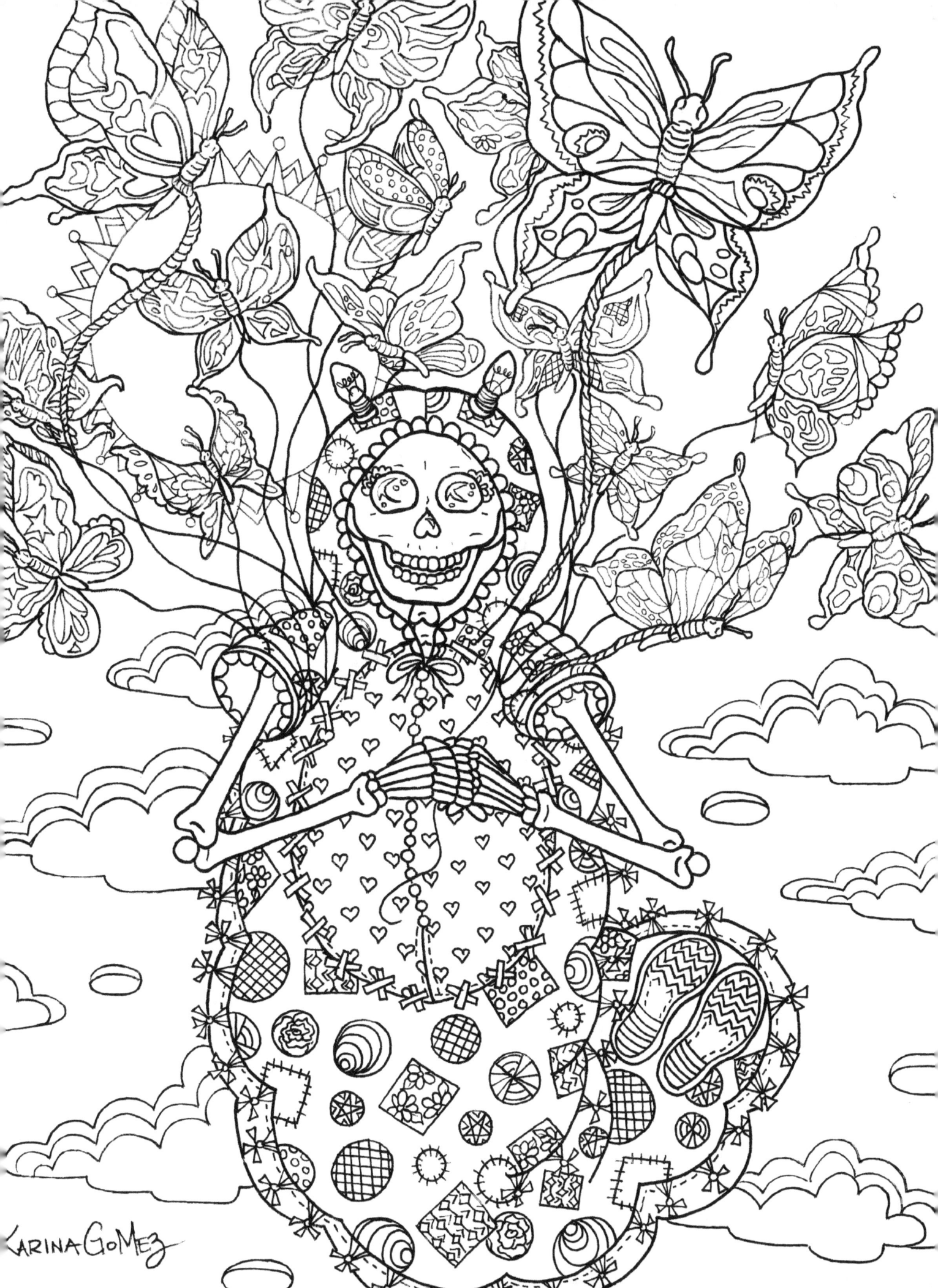

KARINA GOMEZ

y otras naranja con negro.
Trín, trín, trín,
se ríen las cuerdas.

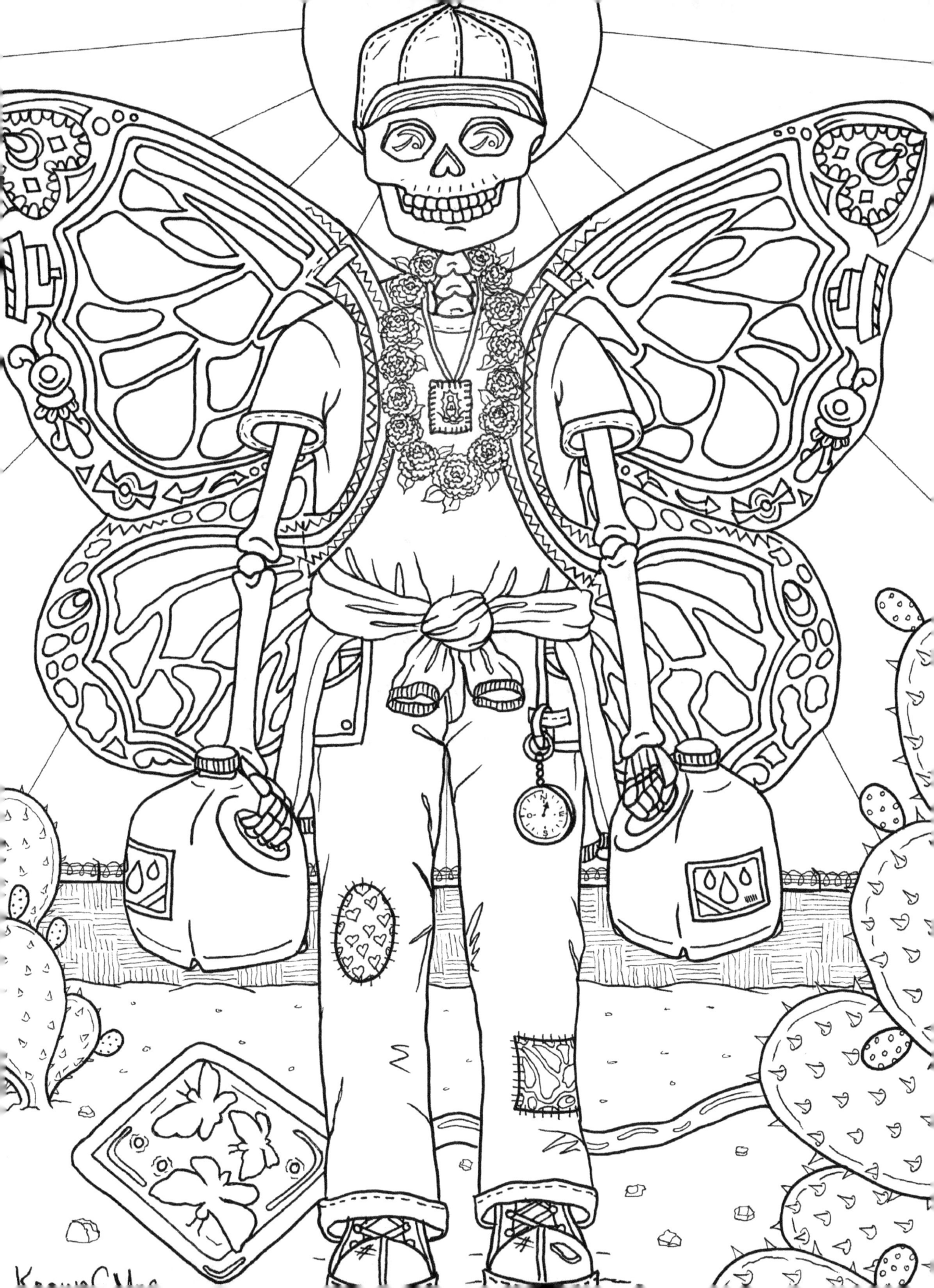

V

El pan de cada día

Dos niños buscan leña,
desde temprano salieron al campo.
Como pajarillos hacen un nido.

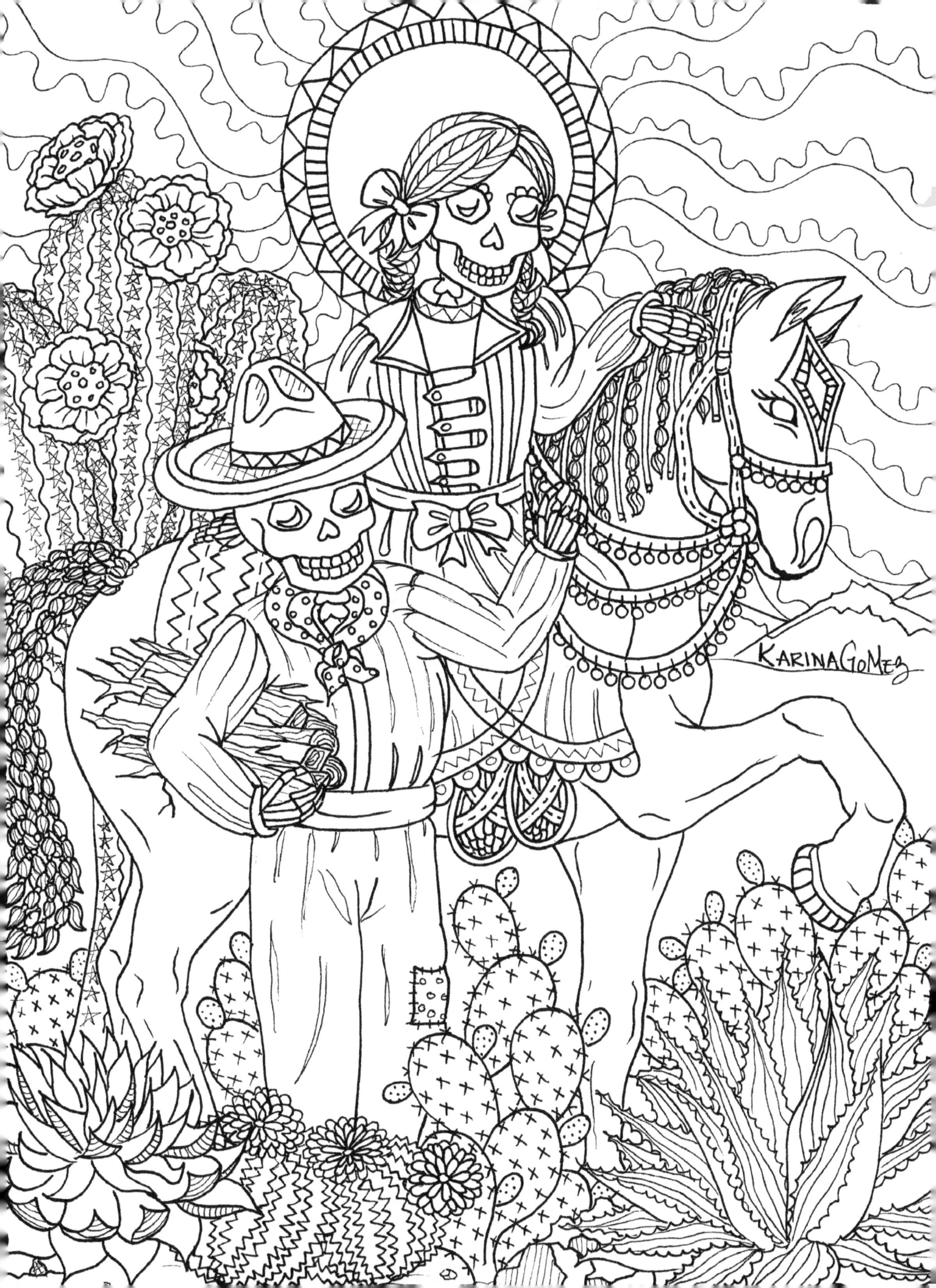

Mamá viene del molino.
Lo que fue maíz ahora es masa,
un bulto de leña llega a casa.

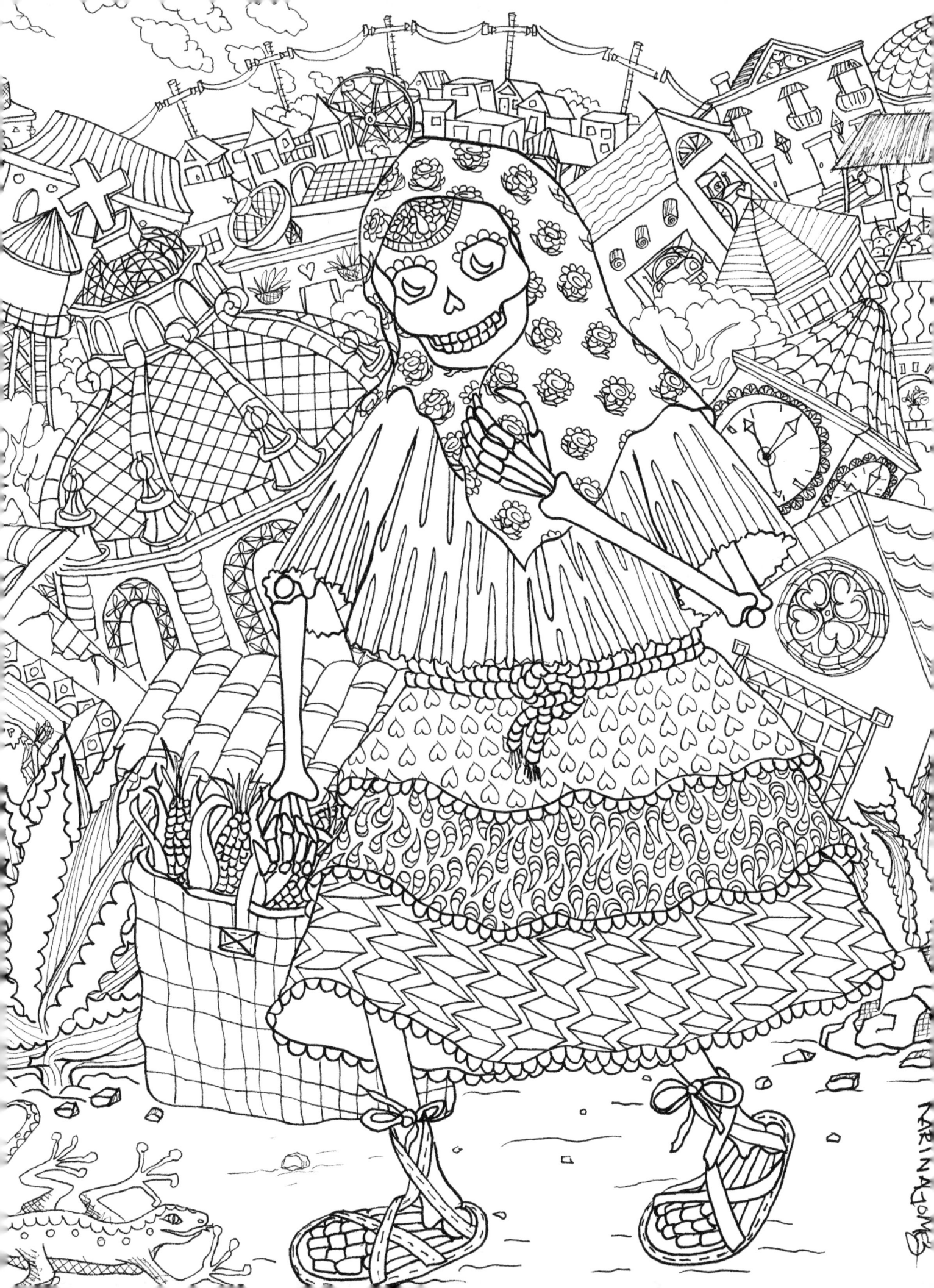

Dos niños juegan mientras está la comida

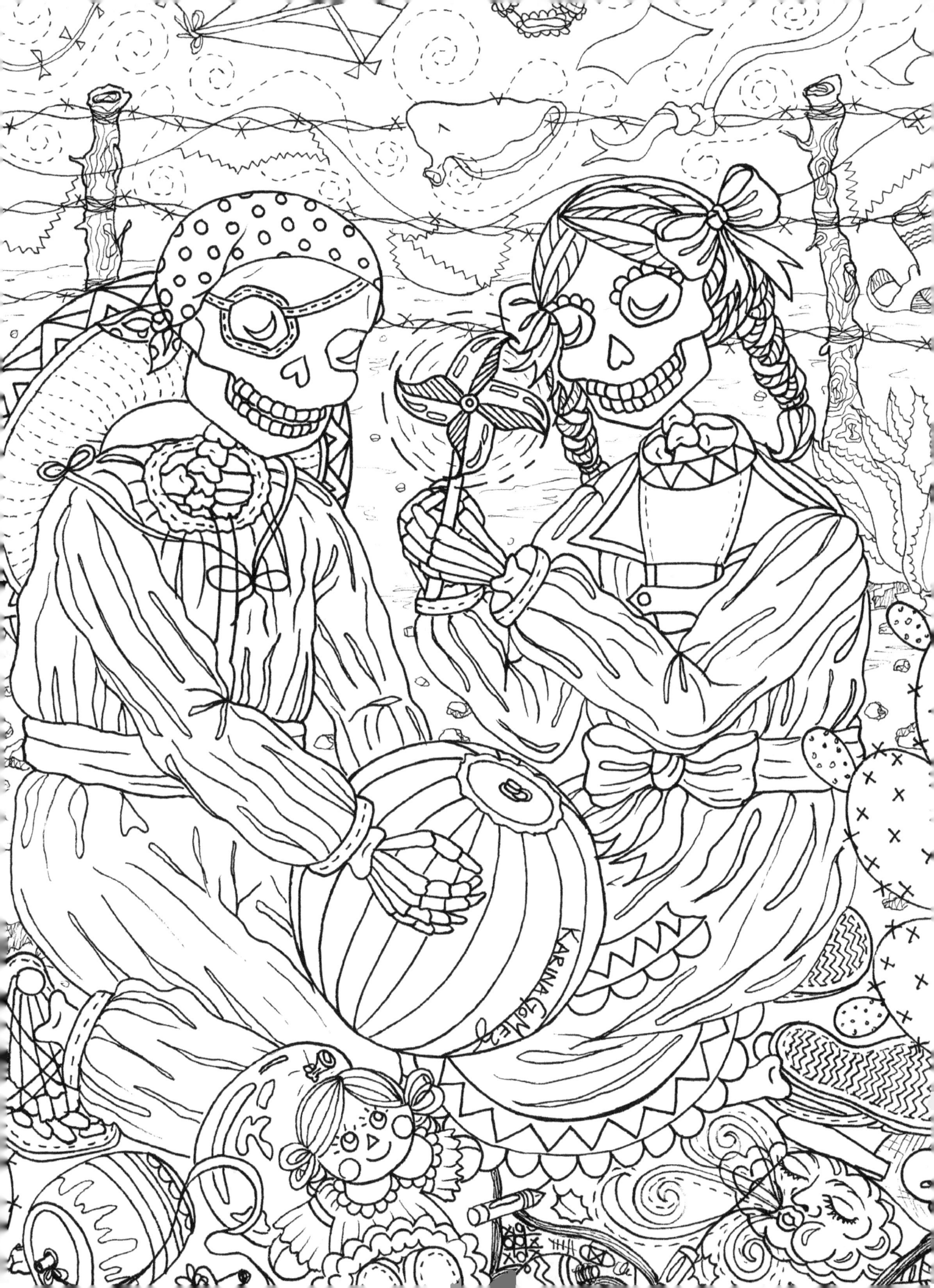

Una charola con frijoles calientes,
adornados con epazote,
aparecen en el plato como magia.

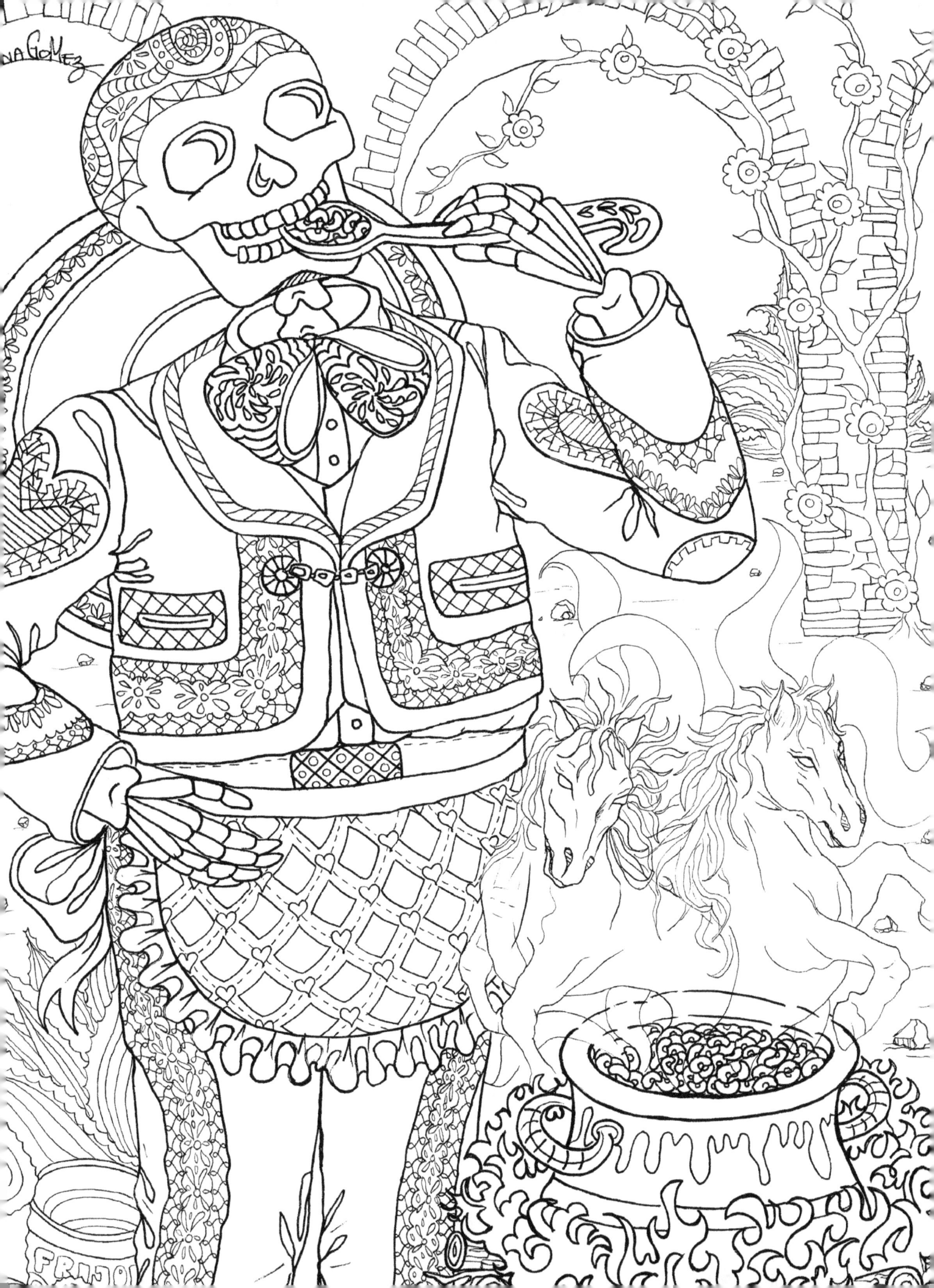

El vapor se aclara
y sube el aroma a sus caras.

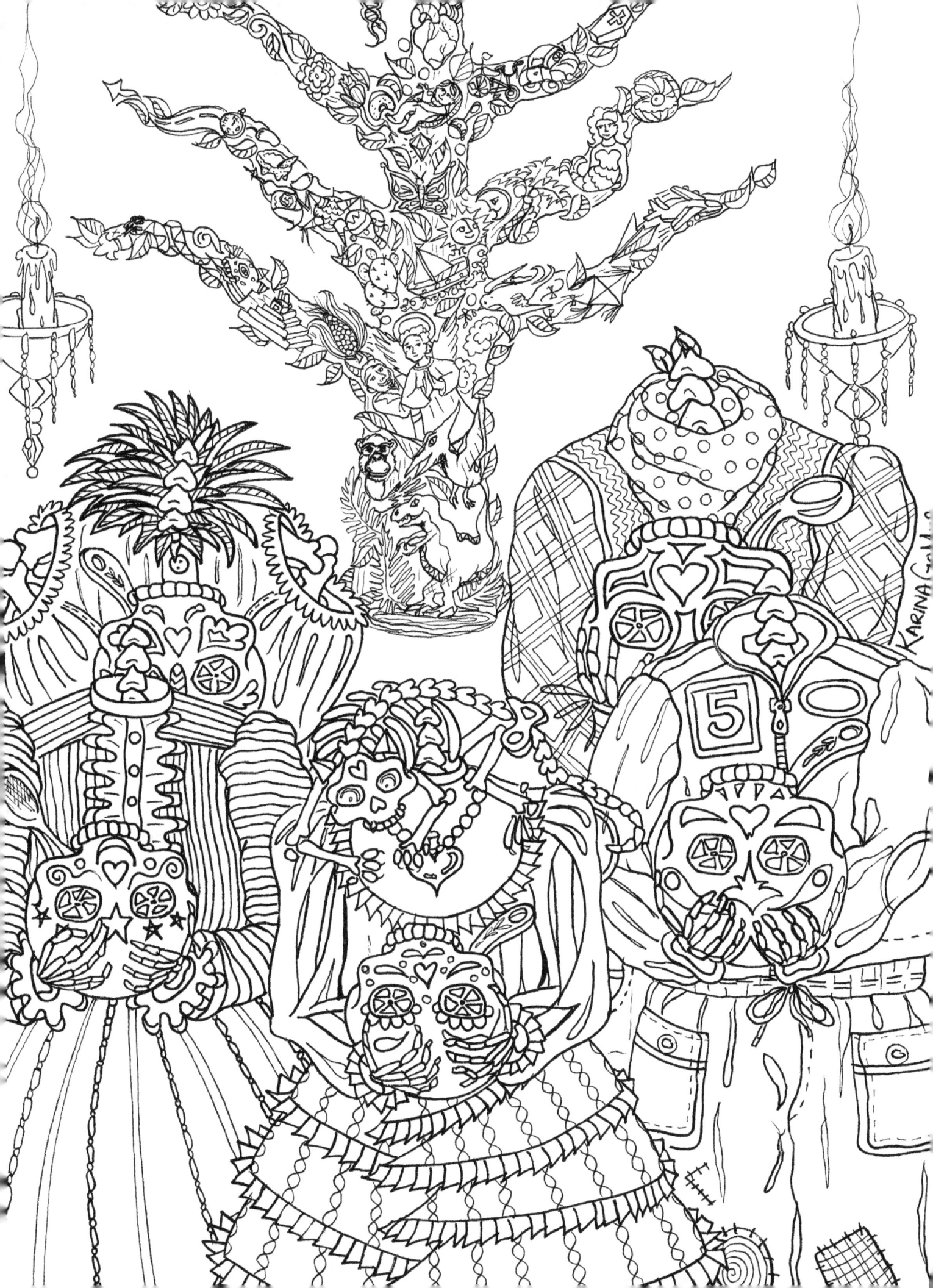

VI
El Valle

El día se viste de verano.
El sol ardiente,
produce sudor caliente.
Mangueras de agua,
despiertan la mañana.

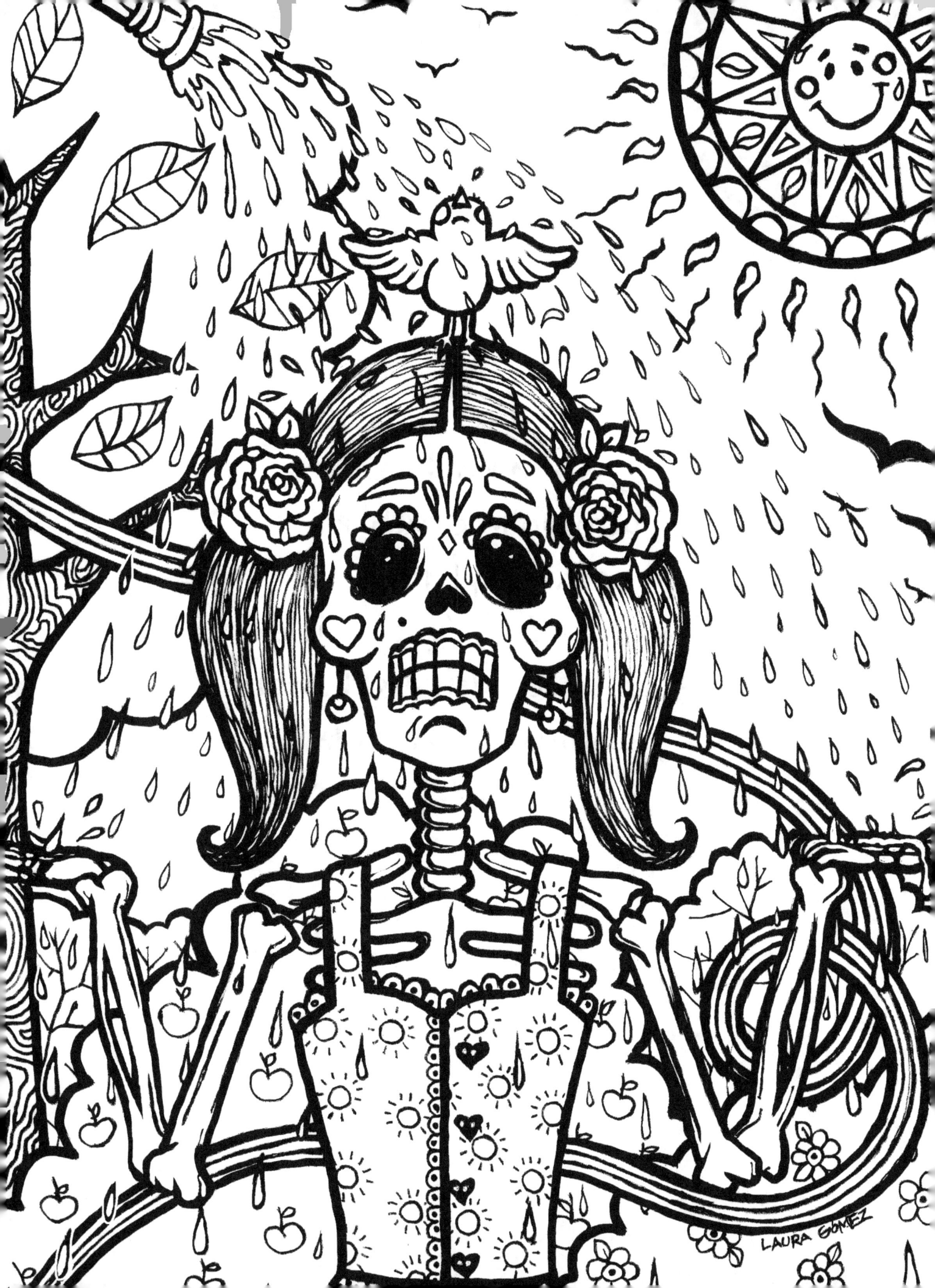

LAURA GÓMEZ

Un niño llora,
pero no lo escuchan.
Mamás platican,
que "fíjate nomás" y "que no me digas".
Clac-clac, se despiden sus chanclitas,
y caminan a sus casitas.

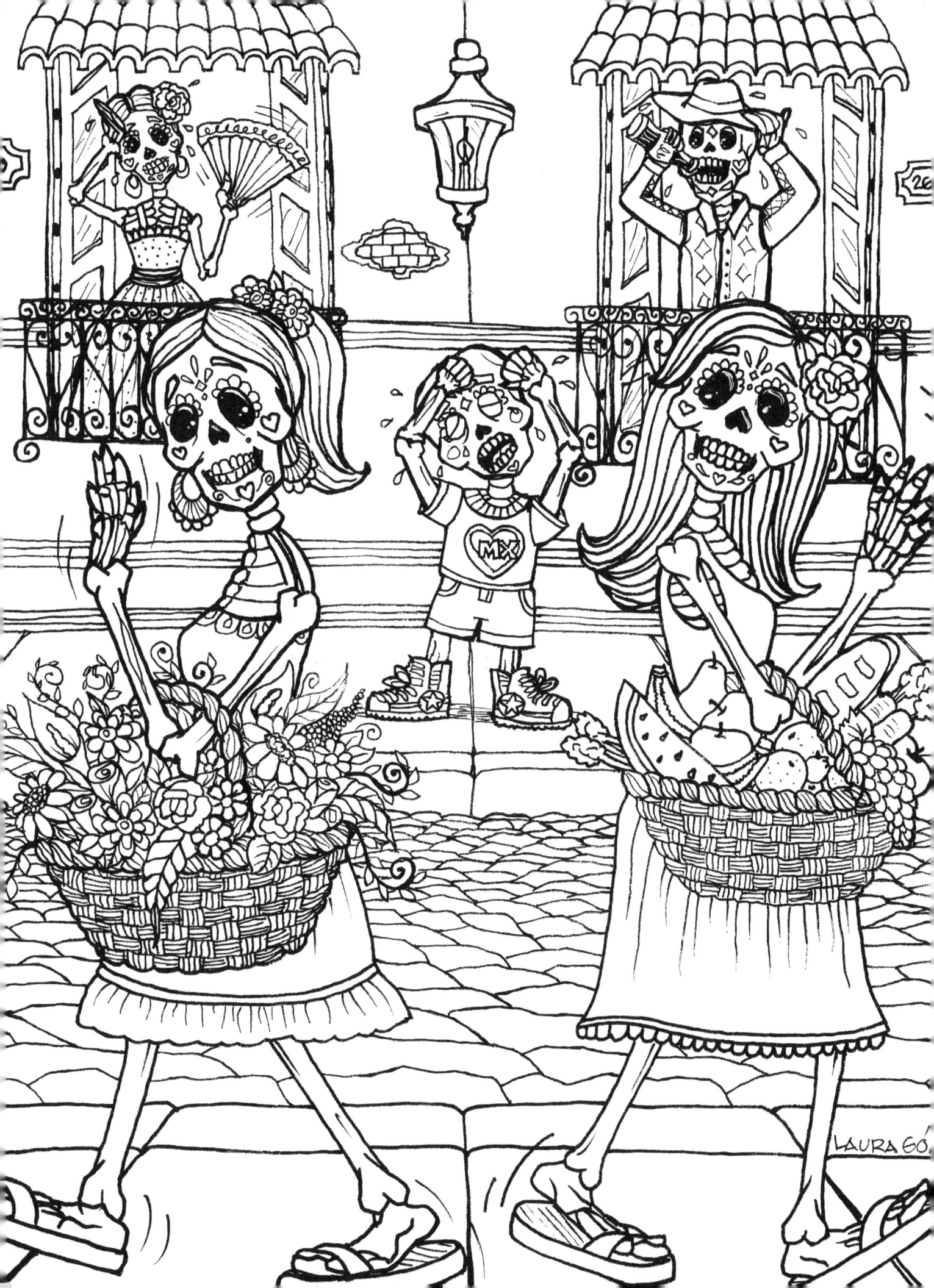

LAURA Gó

Tortillas hechas a mano,
frijoles molidos y papitas doradas.
Después los platos y vasos,
nadan entre agua y jabón.

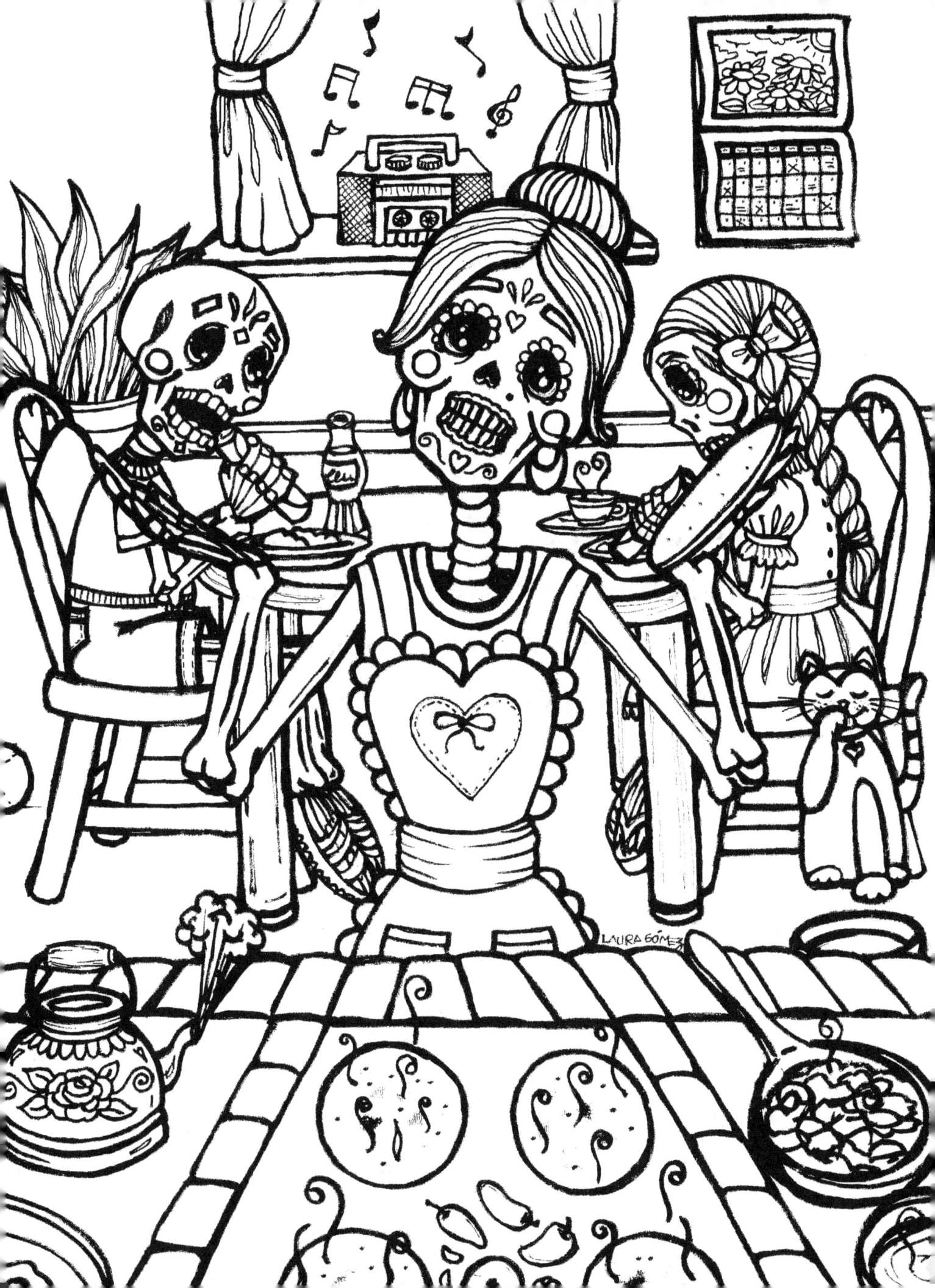

Cae el silencio y la tranquilidad,
cada minuto corre a la oscuridad.
Grillos usurpan la noche,
sirenas lejanas lloran sin cesar.

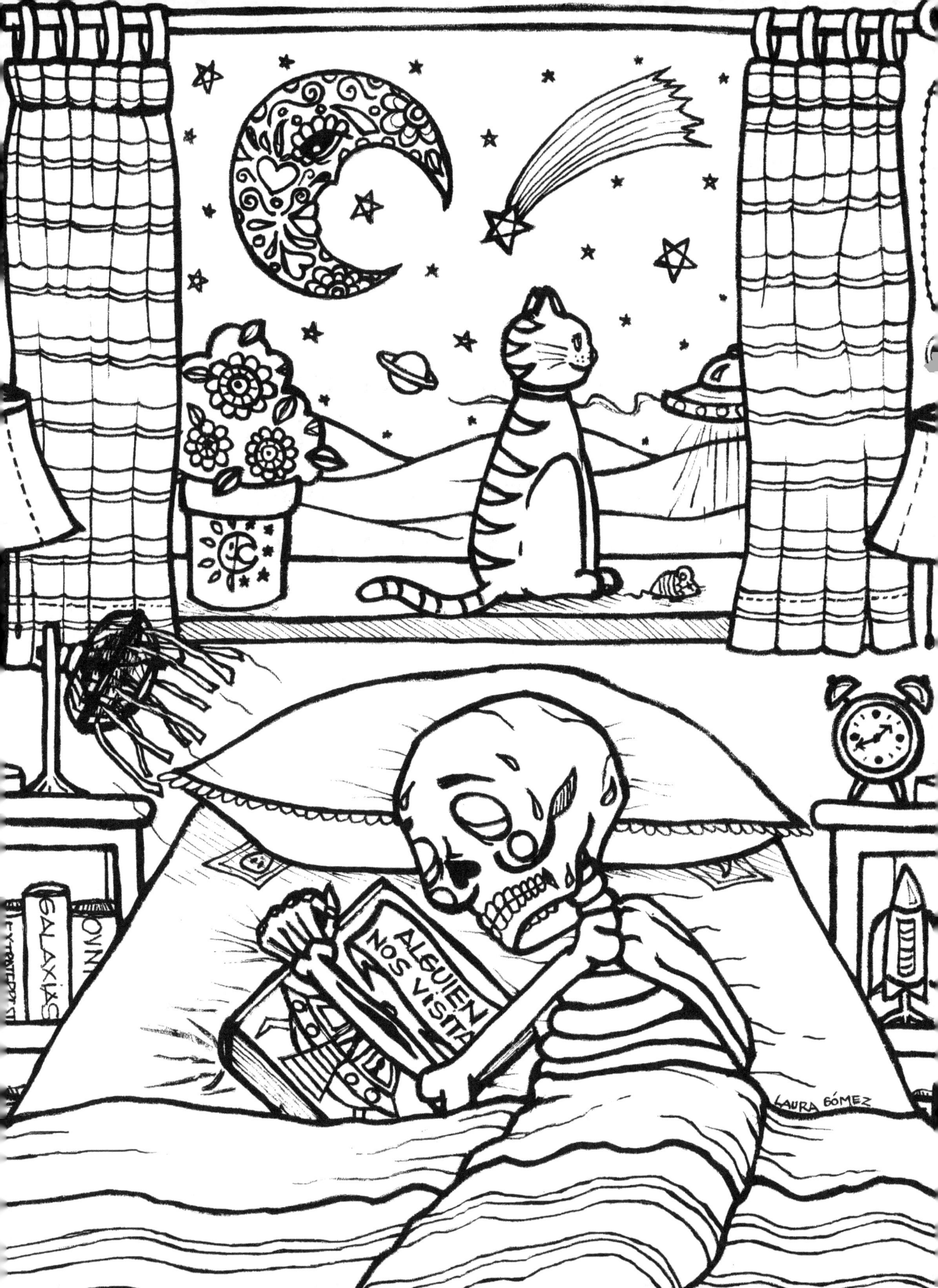

LLega la mañana y sale el sol.
Un perro ladra, salen los niños
a jugar y reír entre charcos de agua.
Es otro día en el lindo Valle.

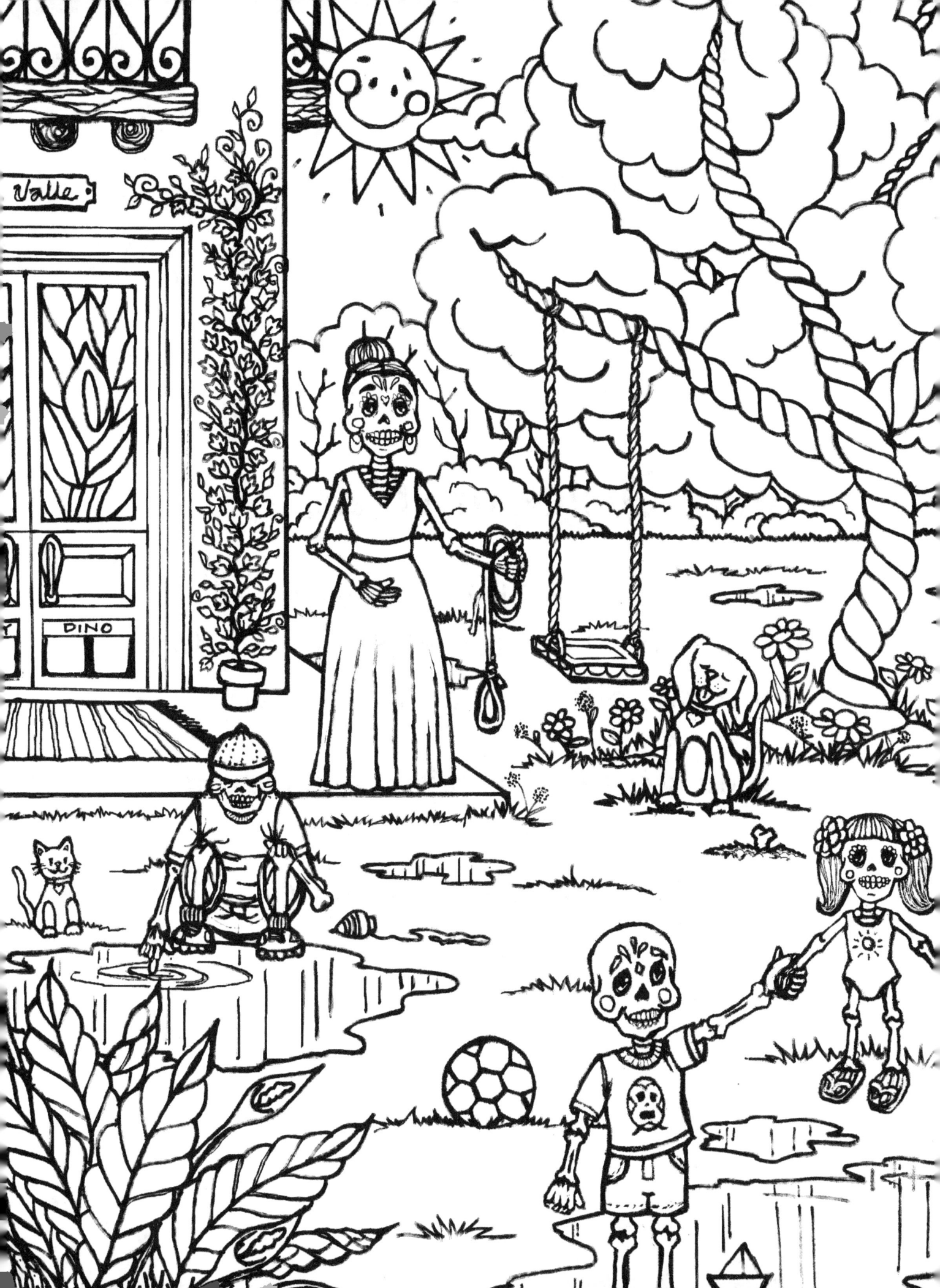

VII
Dulce libertad

En los días de mi niñez era libre y feliz.
Siempre en mi corazón había un retintín,
y en mis pies una cadencia incesante.

Un día seguí a un parajito por el monte,
imitando su canto
tan bello como diamante.

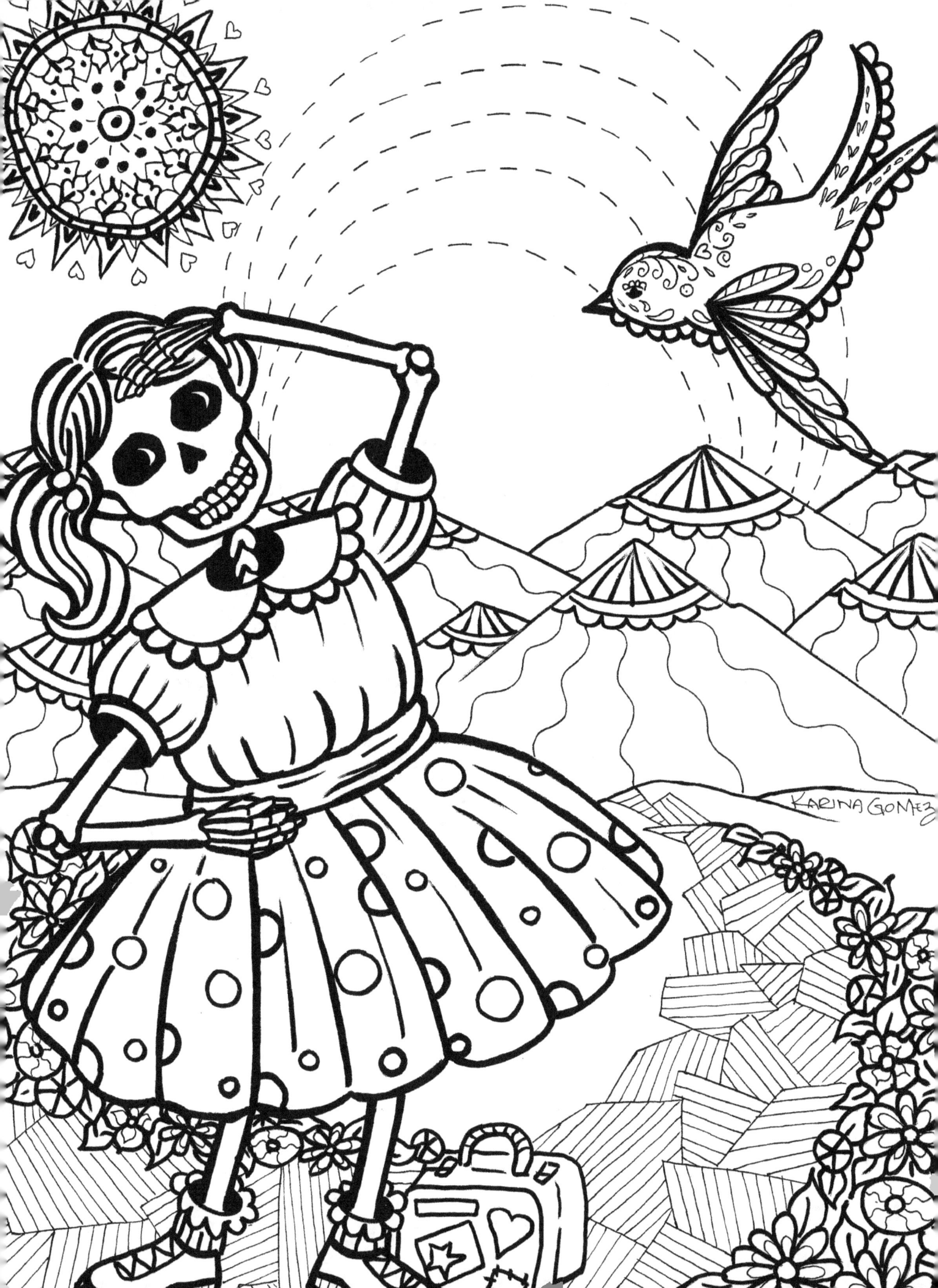

¿Qué te hace cantar parajito precioso?
¿Es la linda mañana que disfrutas?
Dime tu secreto pajarito lindo,
enséñame tu música que tan dulce cantas.

Después de tanto rogarle el pajarito bajó,
se agachó hasta mí y en sus alas me subí.

¡Volamos alto!
Tan alto que al piso lo cubrían las nubes,
arriba el cielo azul compartía su fulgor.

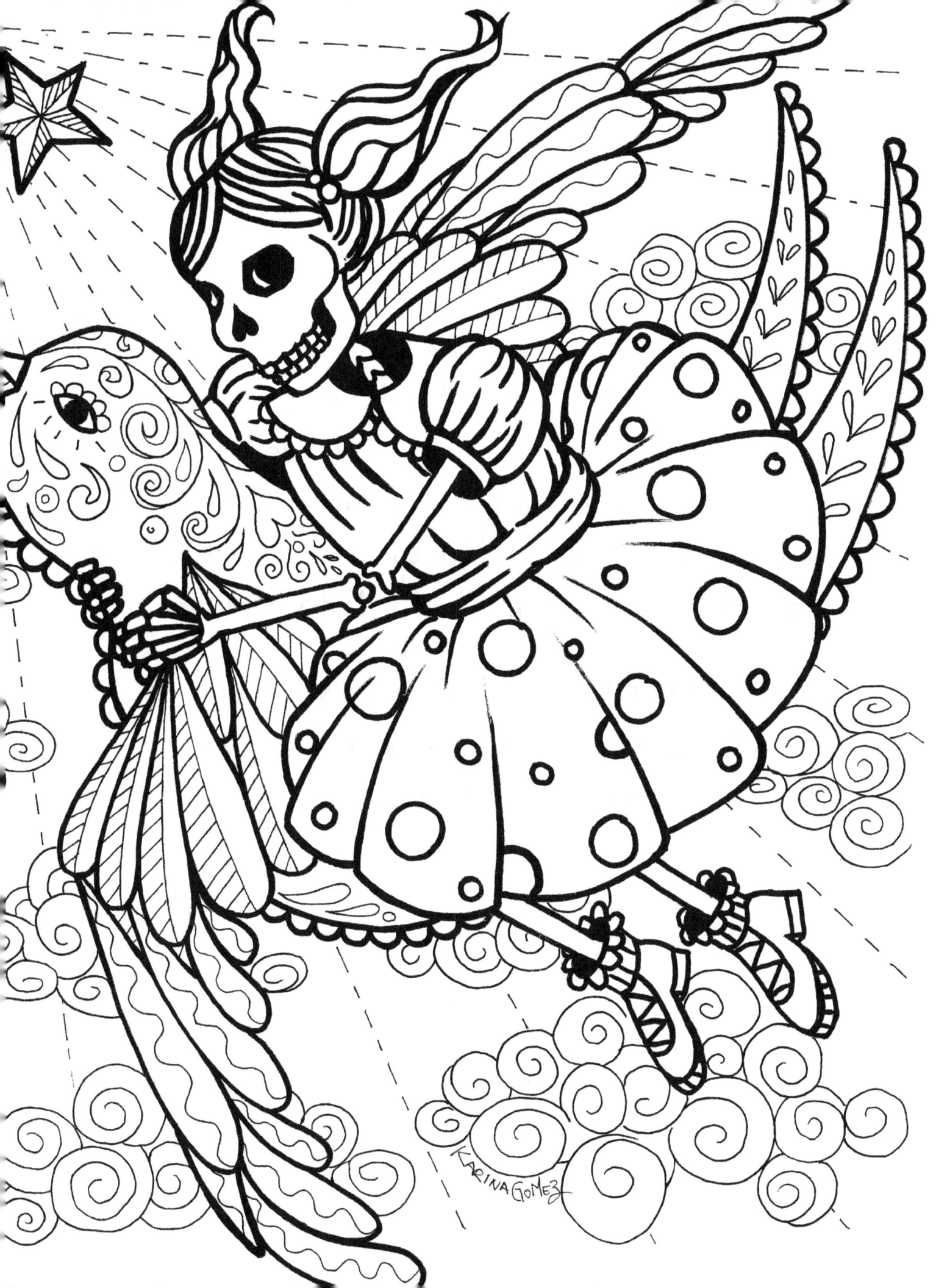

Iluminaba todo alrededor.
Las nubes eran un mar de blanco,
sus olas caminaban lentamente.
Un mar de borregos de algodón, hombro a hombro,
corrían a un destino, al otro lado del mundo.

Volteé hacia mi pajarito y le dije:
"Te pido tu secreto, amante del cielo,
volando tan alto como avión".

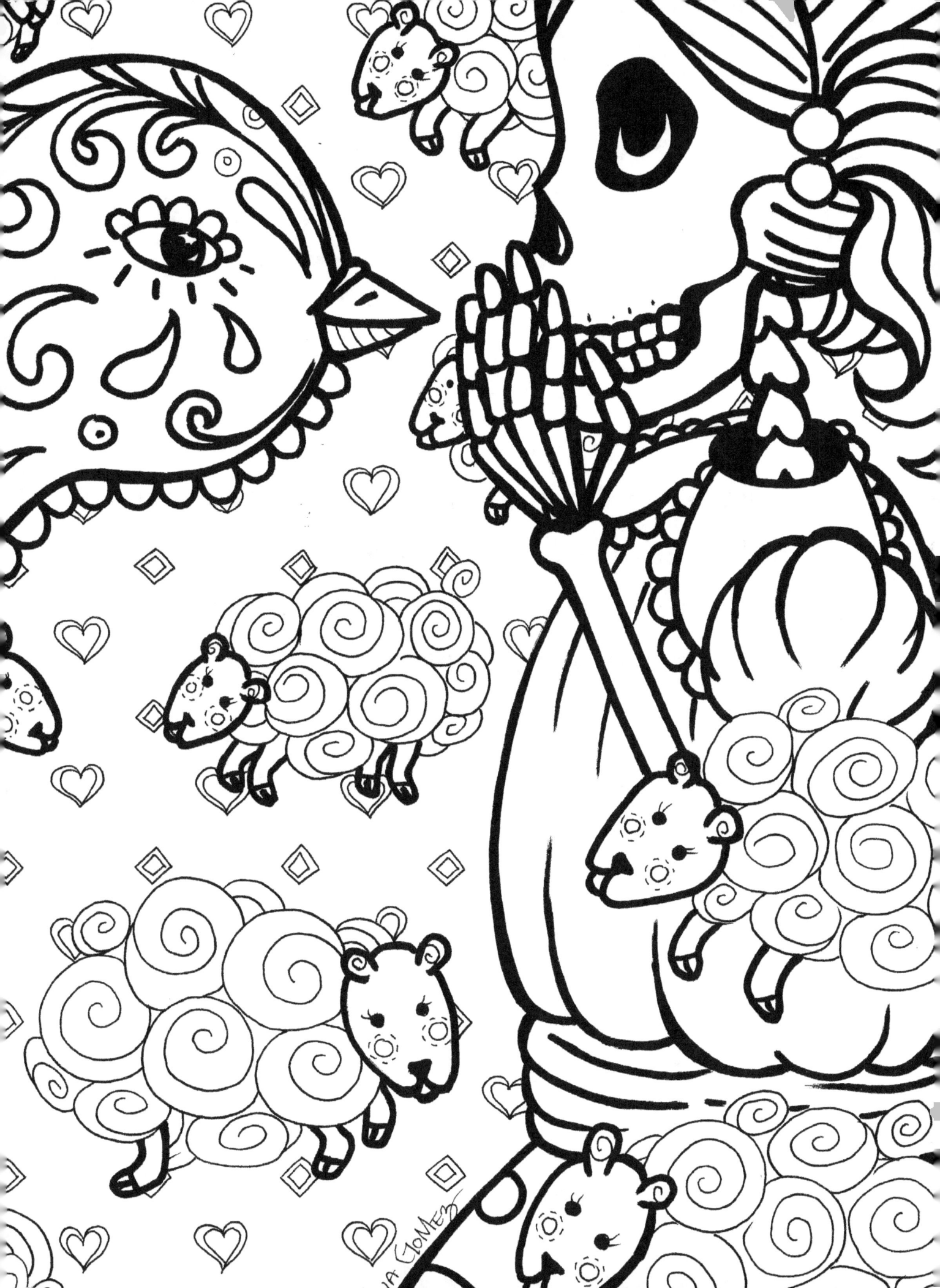

Y después con voz de timbre siguió su canción:
"La dulce melodía de libertad tengo en mi corazón,
espero compartir contigo mi dulce canción de amor,
piensa en mí siempre al mirar el sol".

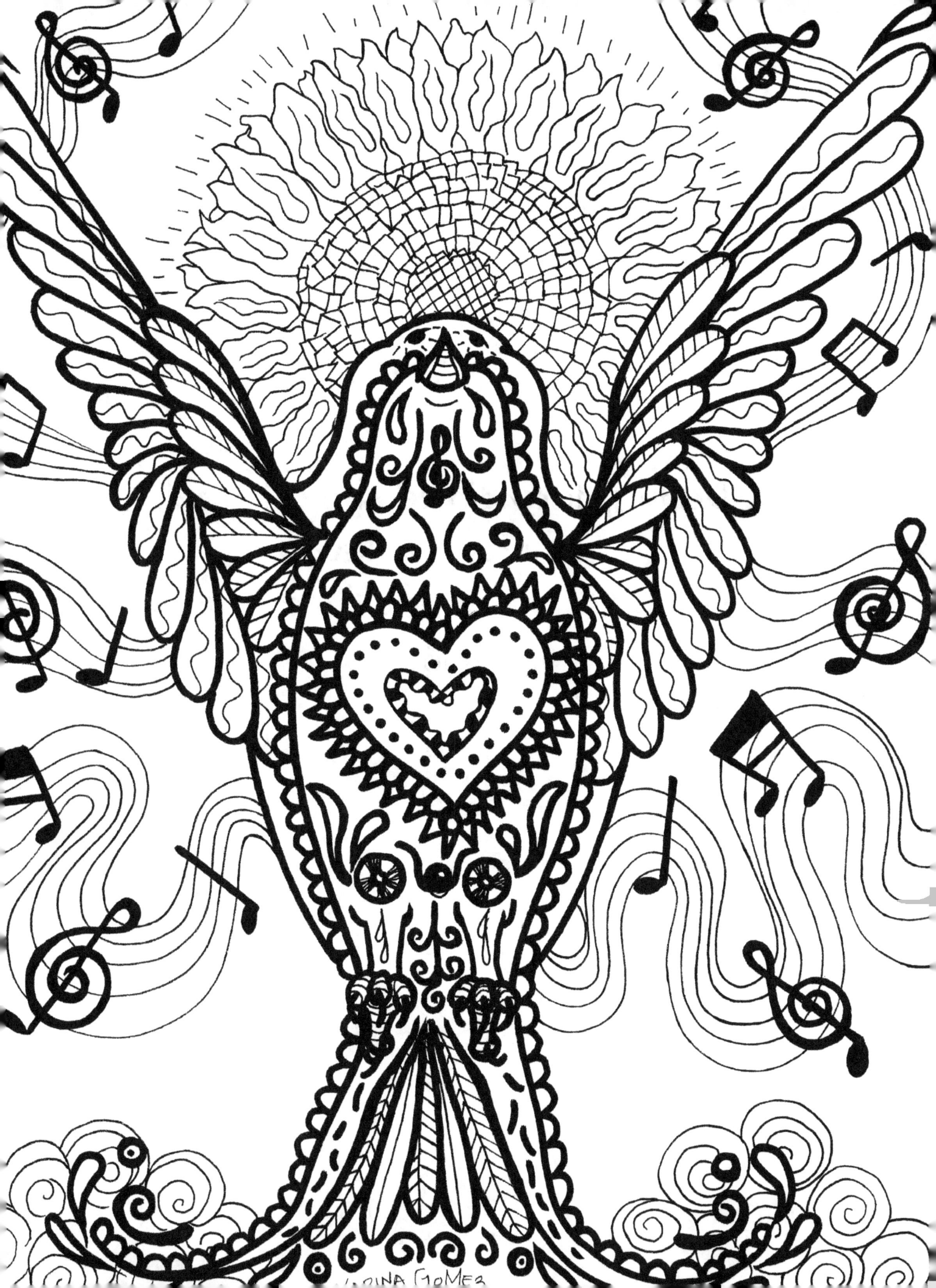

Después, descendió del alto cielo azul,
a mi casa me llevó.
Y con su dulce canto se despidió con un simple,
adiós.

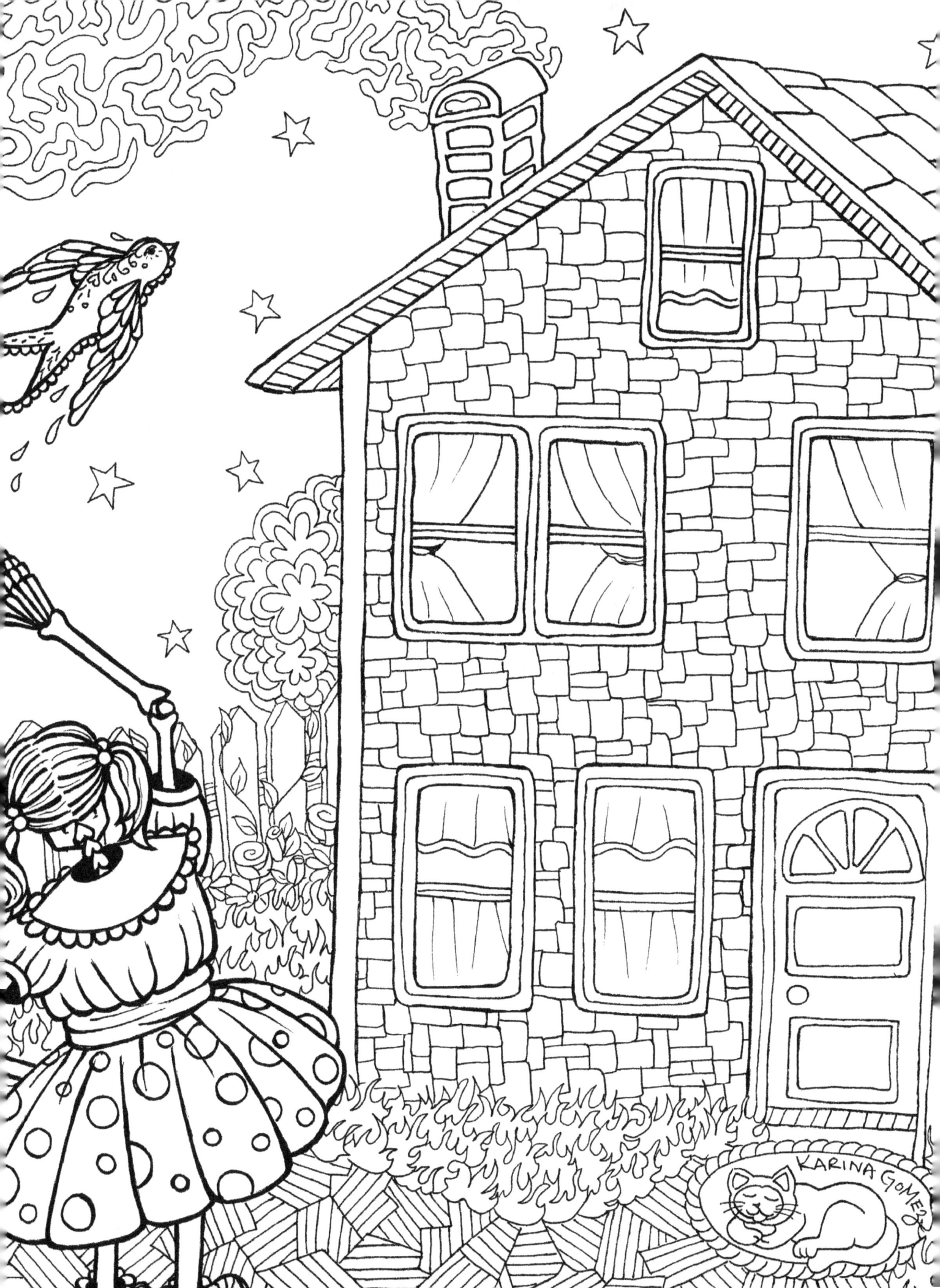

KARINA GOMEZ

VIII

Revive el amor

Como una estrella que nace de la noche y se muere
con la mañana...

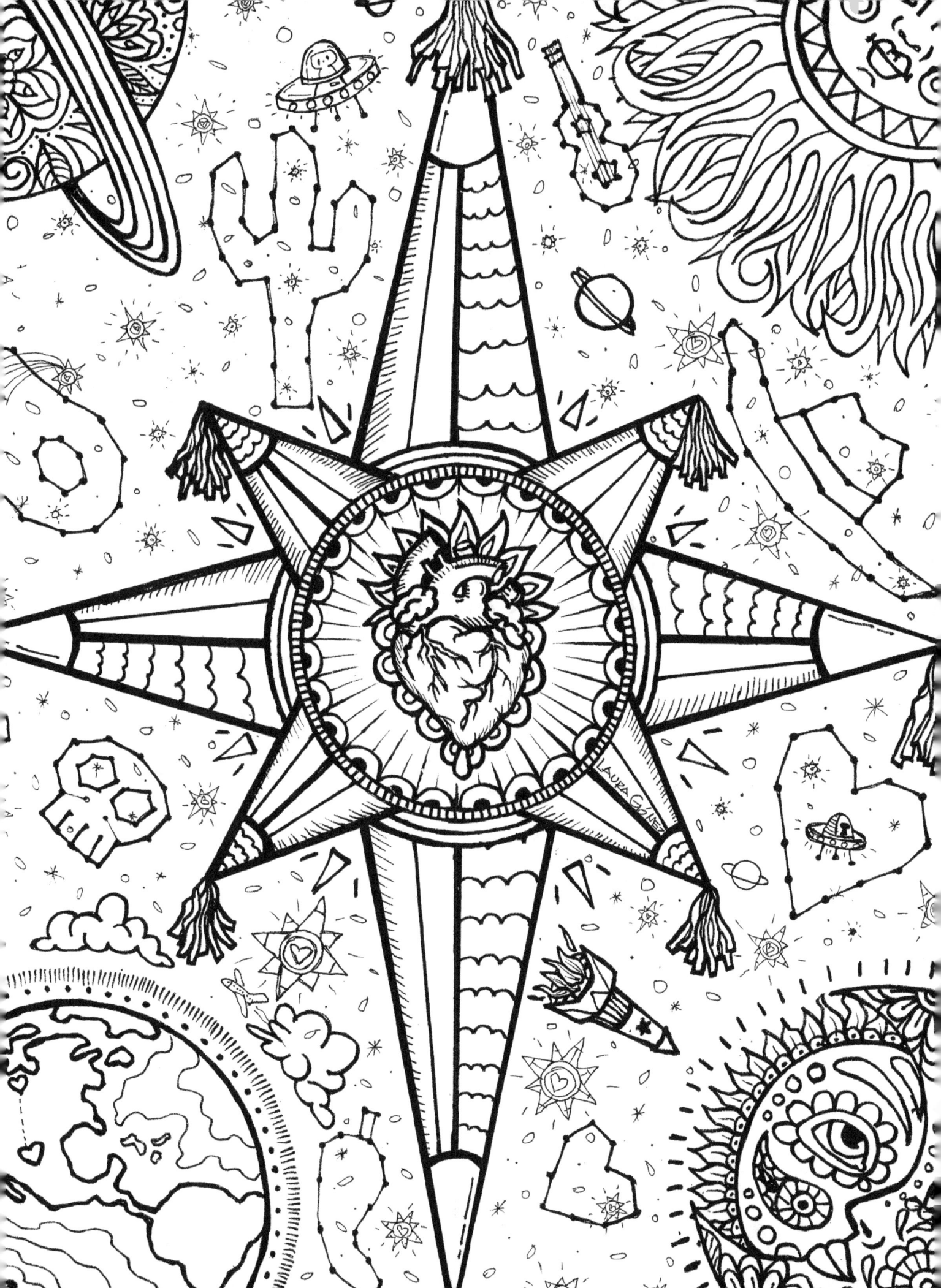

son los brazos que te acariciaron,
son los besos que te cobijaron.

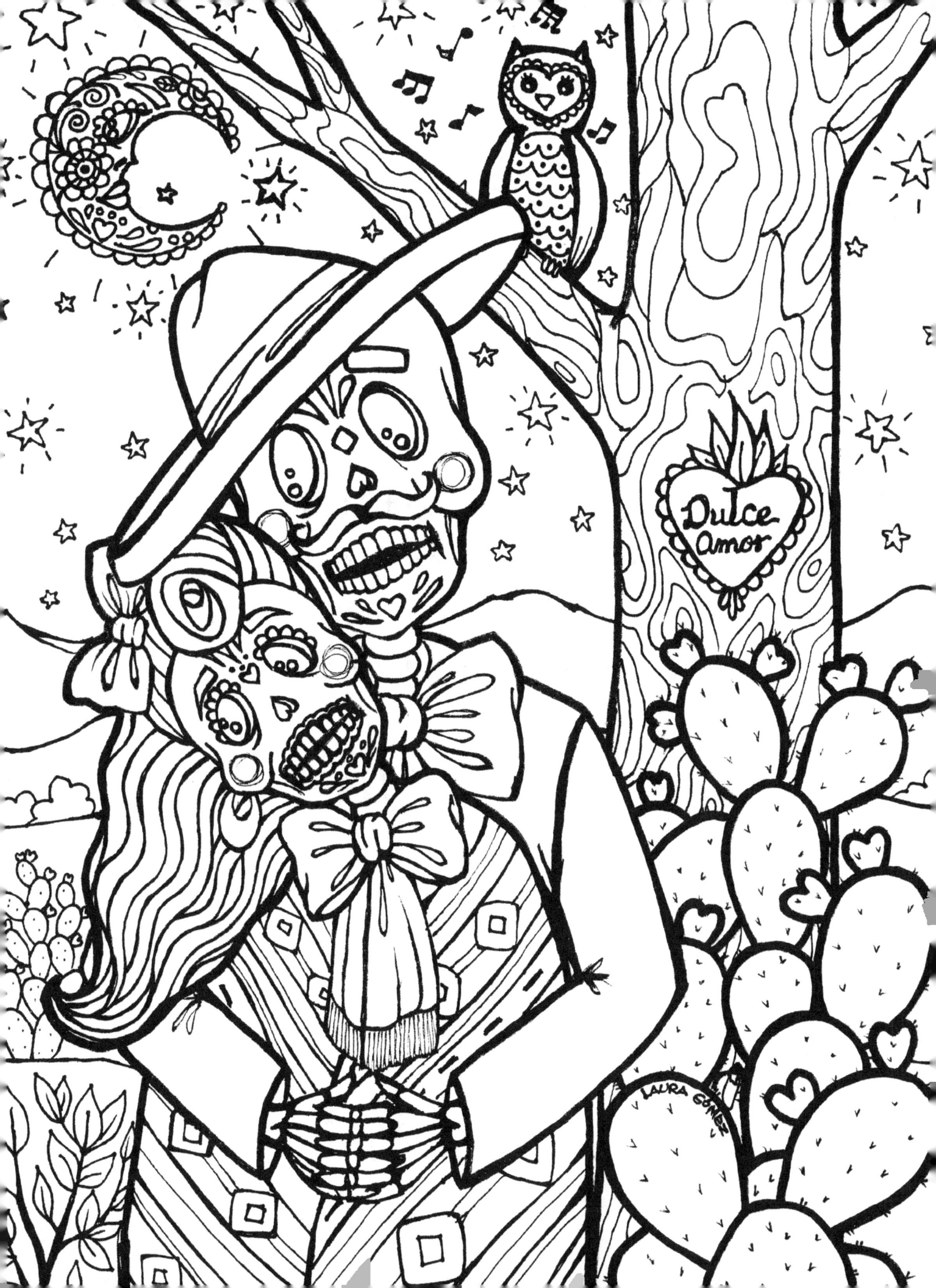

En un mundo traidor
lleno de egoísmo y dolor,
existe algo puro,
limpio y verdadero.

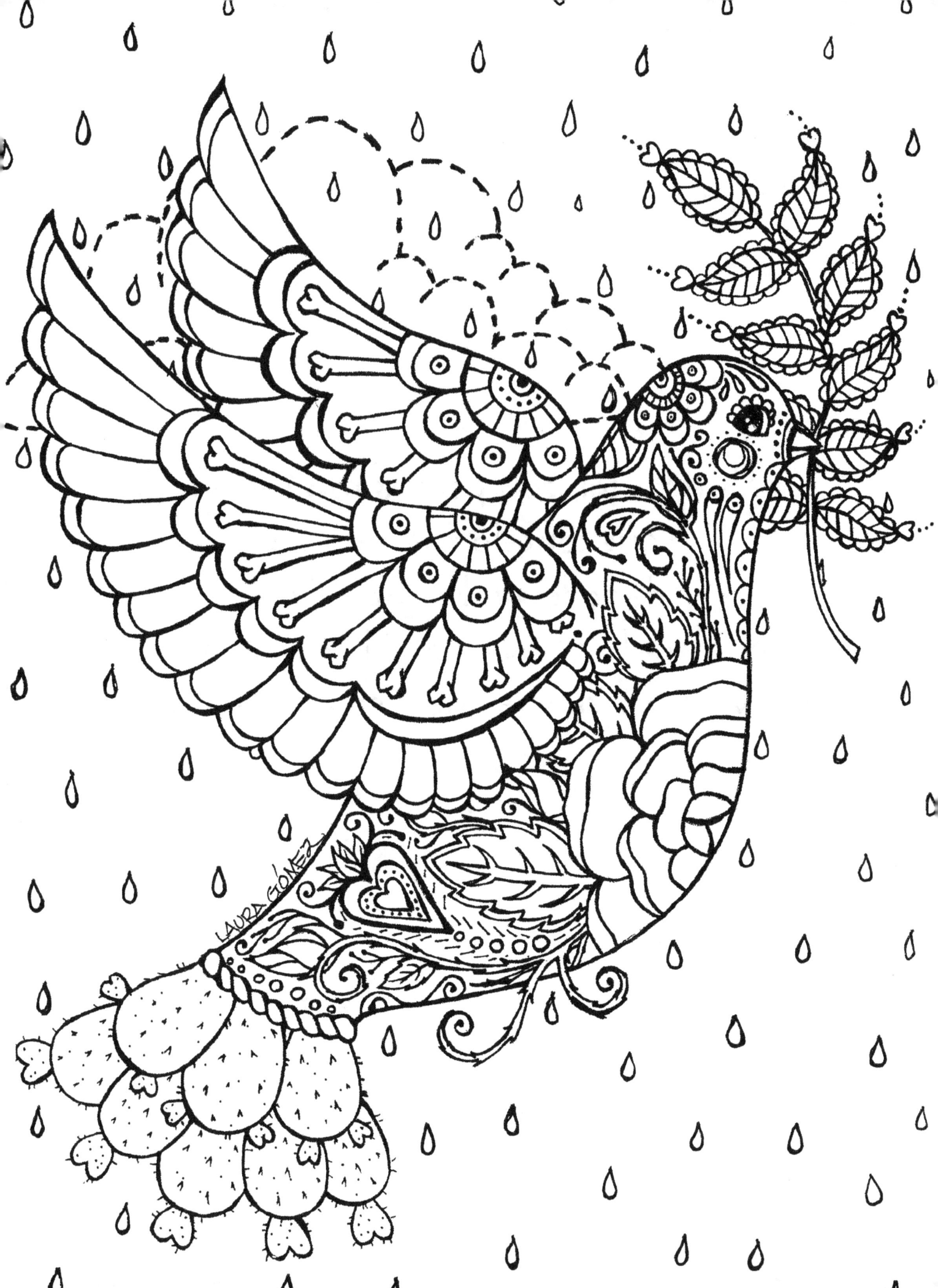

Si abres tu corazón podrías romper el hielo,
que congeló tu esperanza;
de poder probar esa delicia,
que muchos han despedido de sus vidas.
Son la vena y la sangre que el corazón tanto cuida.

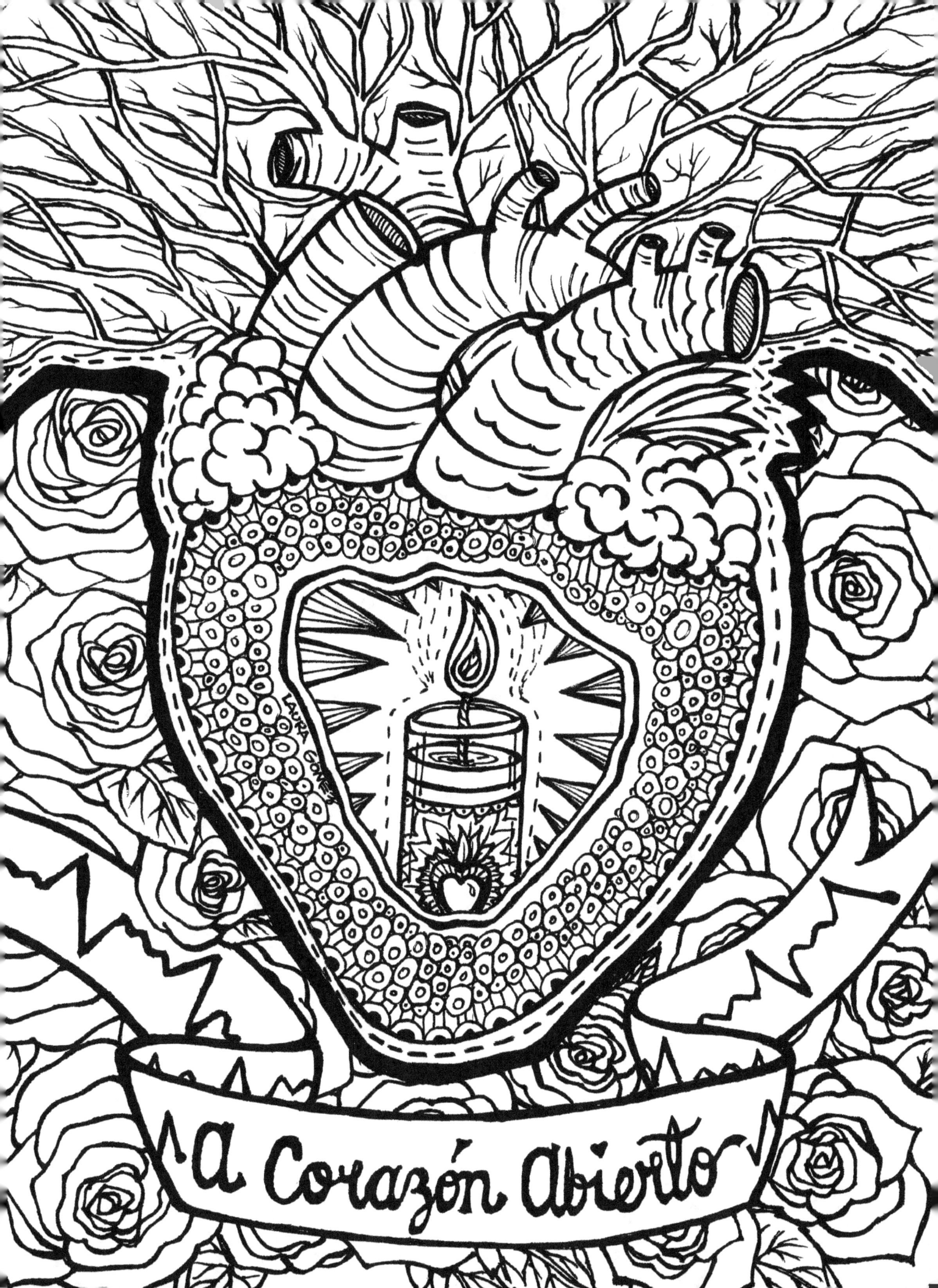

A Corazón Abierto

Tanto que dar,
tanto, tanto que recibir.
Si tan solo te dejaras sentir.

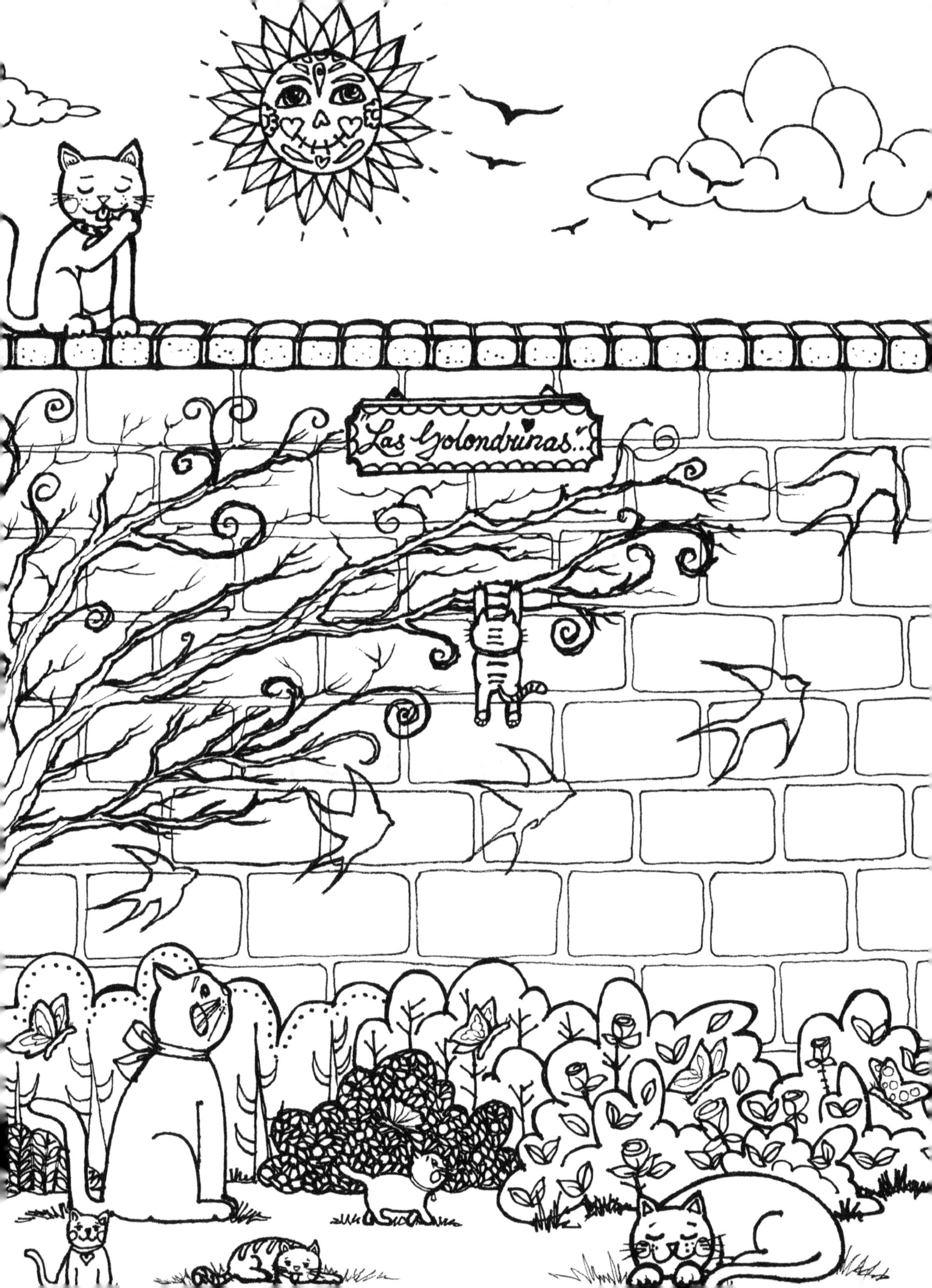

IX

La colcha de mis parientes

Es de muchos colores,
con pedazos de todos,
que hasta el jardín dio sus flores.

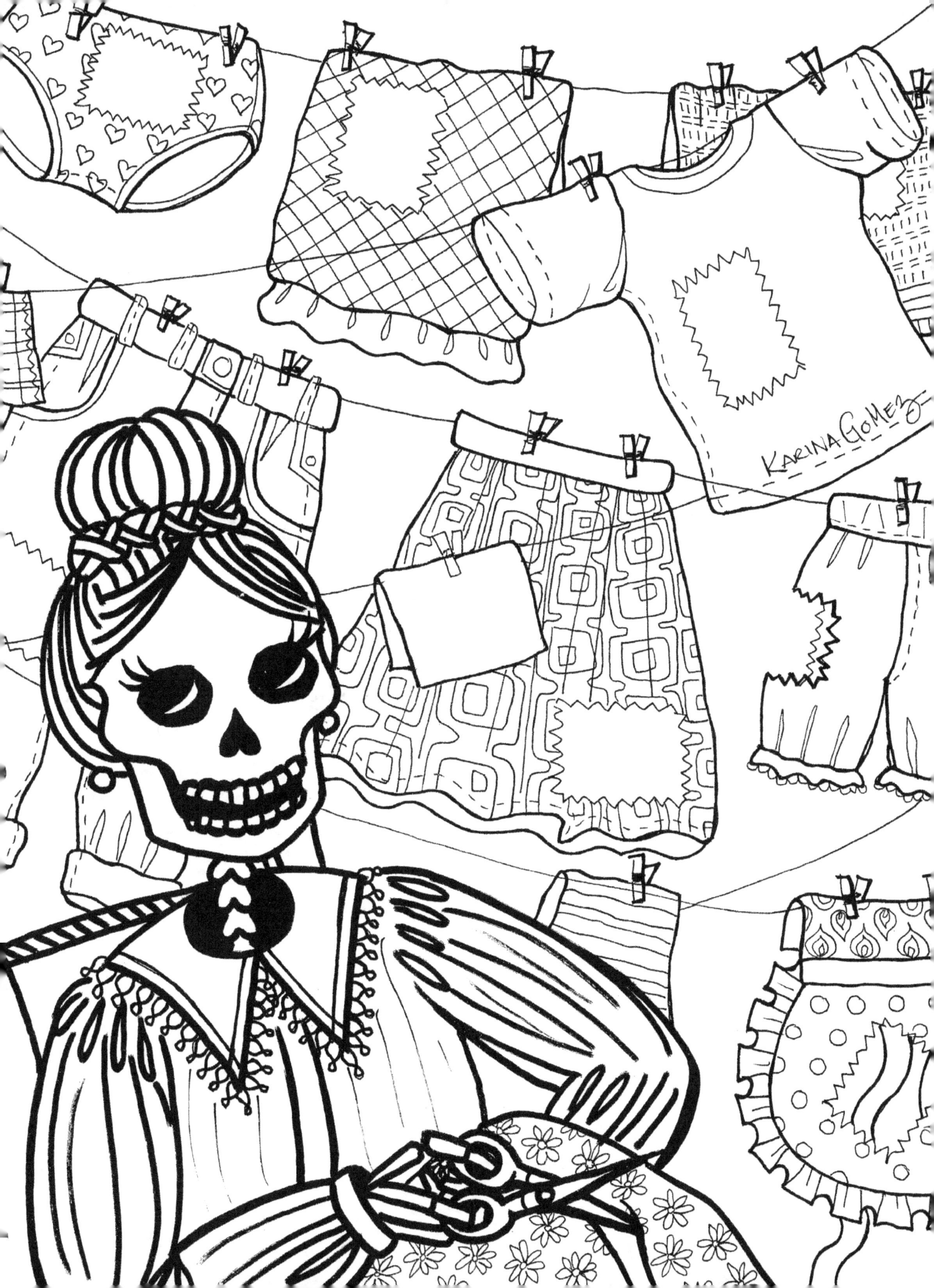

Con manos diligentes,
mientras de criar niños hablaban,
le cocían las piezas
hasta bien tarde,
cuando sueño les daba.

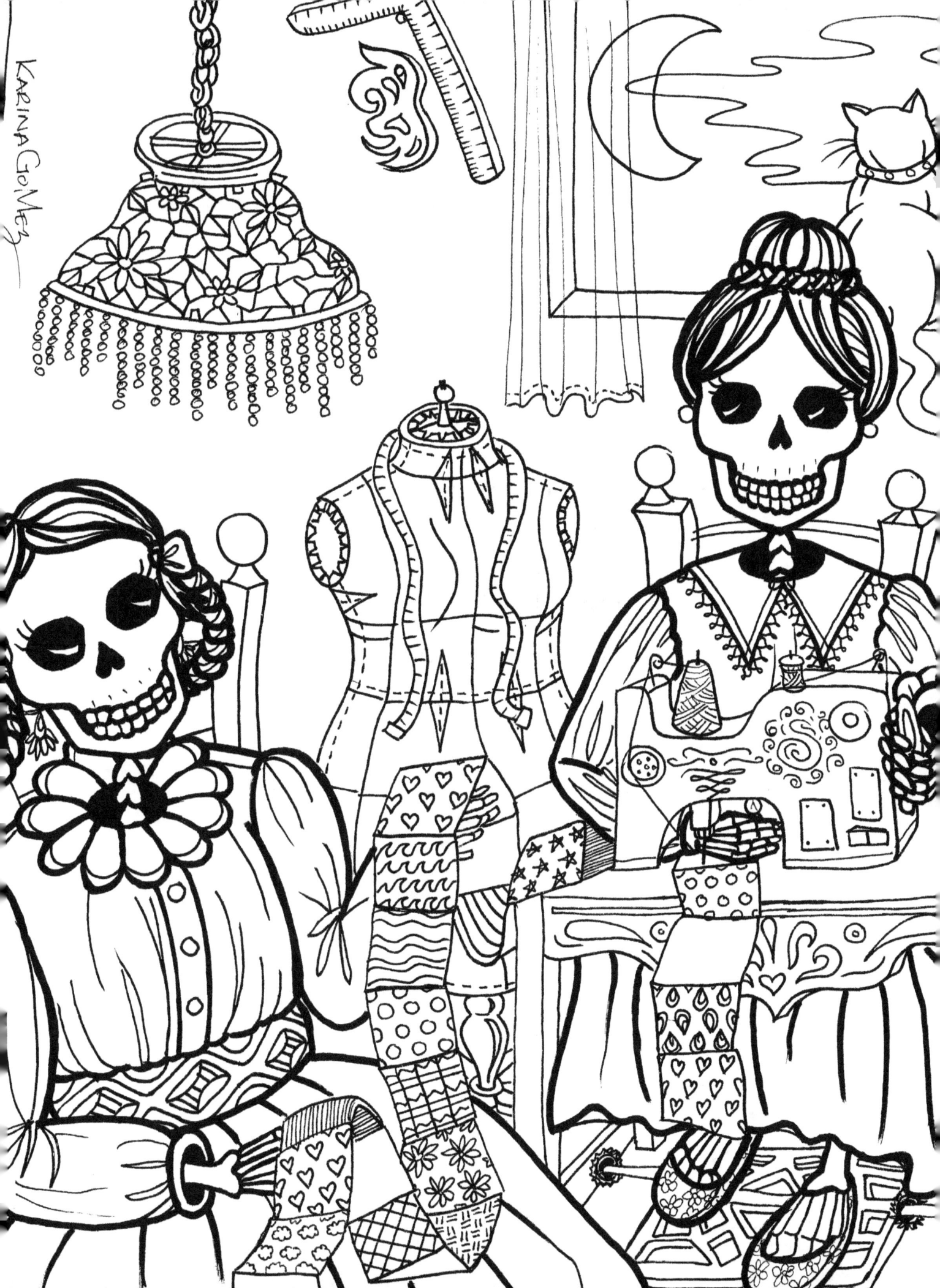

Entre café contaban las historias
de niños y esposos;
sobre lágrimas y risas,
de tiempos pasados.

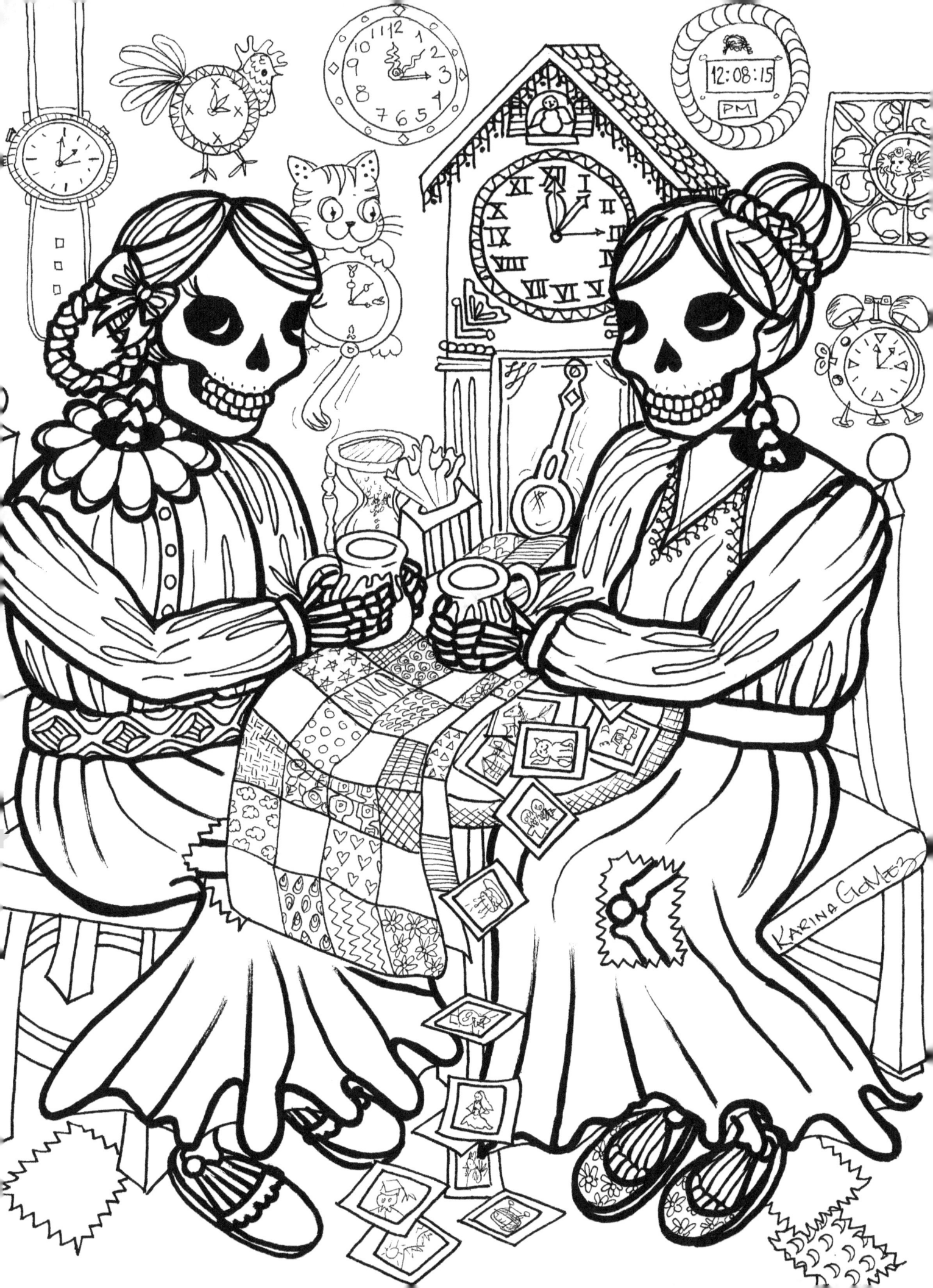

Seguían su trabajo de juntar la historia,
le tejían palabras al libro de mi gente...

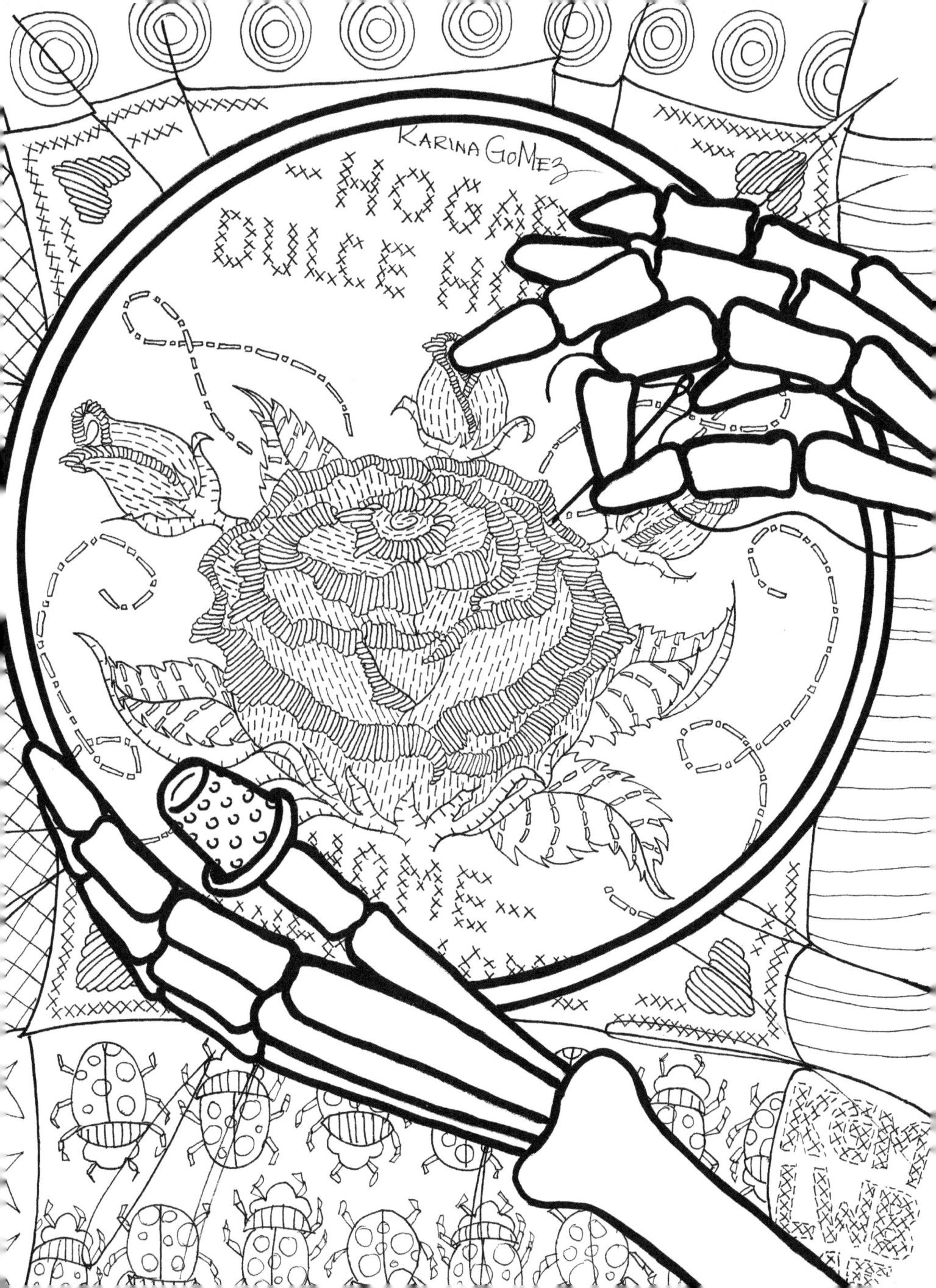

entre los cuadros
de la colcha de mis parientes.

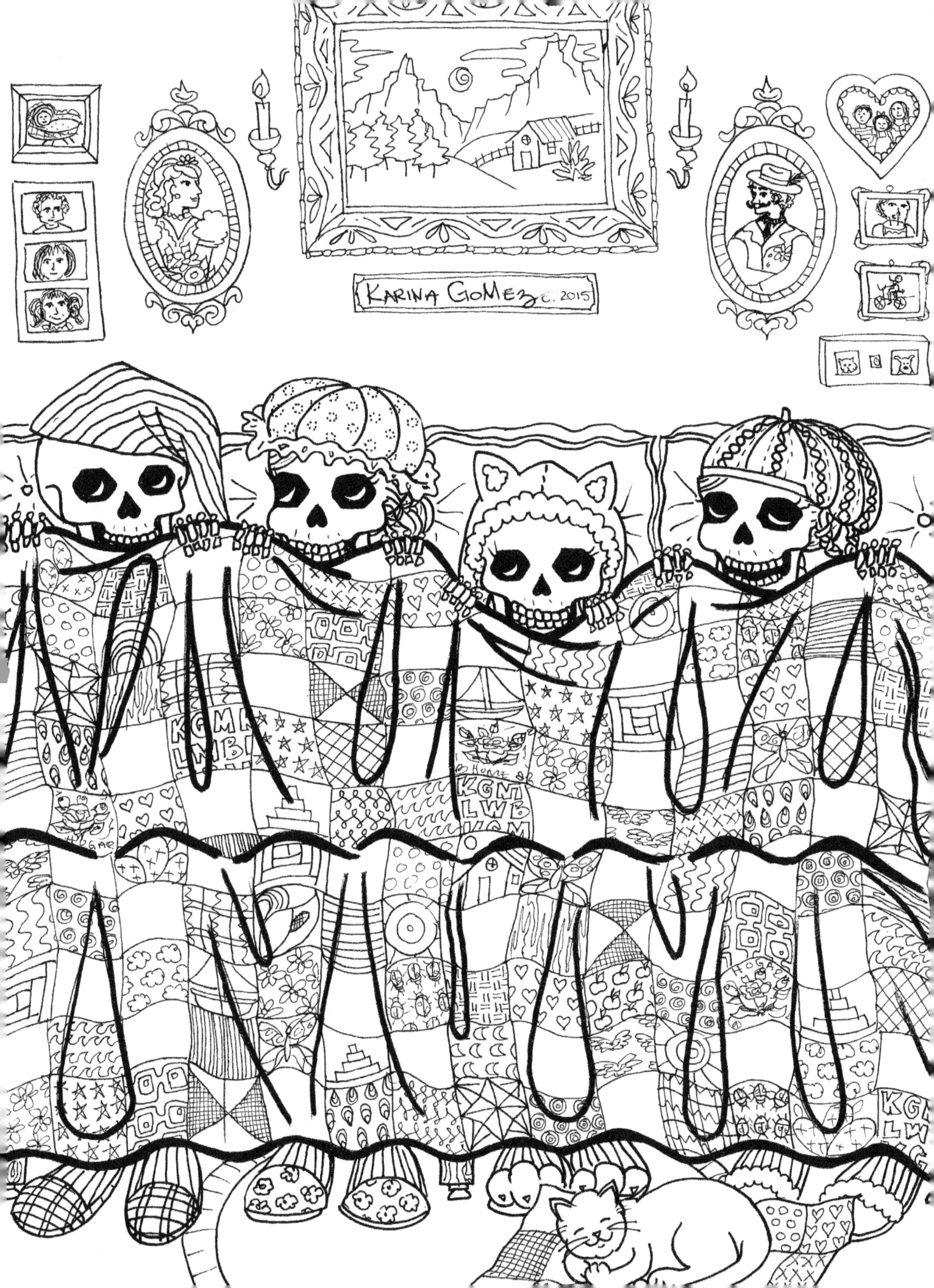

KARINA GÓMEZ

Sus obras están inspiradas en su vida, familia, experiencias y en la cultura mexicana. Su amor por el arte fue inculcado desde su niñez por su padre. El tema del Día de Muertos surge a raíz de los 15 años que vivió frente a un cementerio y las memorias que se fueron formando a partir de ello.

LAURA GÓMEZ

Nació en la Cd. de Delicias, Chih. México, estudió Ciencias de la Comunicación y Administración de Empresas. Reside actualmente en la ciudad de Chicago. Divide su tiempo en crear arte y joyería mexicana; además de arte abstracto. Recurre al arte cuando las palabras no son suficientes para expresar sus sentimientos.

Para ver más del arte de Laura Gómez y de Karina Gómez visita la página: *colorfulculture.etsy.com*

AMELIA OROZCO

Criada en ambos lados de la frontera entre los Estados Unidos y México; Amelia creció con las dos culturas tejidas en las experiencias de su vida. La poesía ha sido una forma de compartir sus historias y revivir esos momentos que han quedado grabados en su mente y corazón.

Para ver más sobre Amelia visita *www.ameliaorozco.com*

www.ingramcontent.com/pod-product-compliance
Lightning Source LLC
Chambersburg PA
CBHW080944170526
45158CB00008B/2365